Irdische Paradiese

Hg. Petra Pohlmann

Wendepunkt Verlag

Hg. Petra Pohlmann

Irdische Paradiese

Wendepunkt Verlag

Bibliografische Information durch die Deutsche Nationalbibliothek:
Die Deutsche Nationalbibliothek verzeichnet diese Publikation in der Deutschen Nationalbibliografie; detaillierte bibliografische Daten sind im Internet über http://dnb.d-nb.de abrufbar.

Rechte für die Einzeltexte liegen bei den jeweiligen Autoren.
Cover und nicht untertitelte Bilder: Quelle: https://pixabay.com/de/
Layout: © Petra Pohlmann, www.pohlmann-petra.de
Originalausgabe Oktober 2017
Gesamtherstellung: Wendepunkt Verlag, Weiden
www.wendepunkt-verlag.de
Printed in Germany

ISBN 978-3-942688-97-0

Inhalt

Parallelwelten

November. Draußen neblig, kalt,
so richtig ungemütlich halt.

Deswegen hat der Max heut' Nacht
im Lehnstuhl sich's bequem gemacht
und liest in einem Lyrikband.
Im Ofen prasselt's unverwandt.

Da liest er WALD. Vier Lettern bloß.
Und schon geht ein Spaziergang los.

Es knacken unter seinen Schuhen
die kleinen Zweige, und es ruhen
die dürren Blätter Schicht auf Schicht
am Boden, und im Dämmerlicht
grünt nur der Efeu und das Moos.
Die Äste ragen blätterlos
und kahl zum Himmel, und bisweilen
sieht blitzschnell man ein Eichhorn eilen
und hört von Fern des Hähers Schrei.
Der Boden riecht, man atmet frei.

Max blättert um. Die Seiten knistern.
Im Ofen hört den Wind man flüstern.

Es riecht nach Pilzen, Herbsttrompeten.
Beinahe wär' er draufgetreten!
Ein guter Würzpilz, wenn erst trocken.
Ein Rehbock! Fast wär' Max erschrocken.

Da ruft die Liese Max zum Essen.
Dabei hat Max beinah' vergessen,
dass er zu Haus im Lehnstuhl liest
und nicht im Wald spazieren ist.

Das Buch zieht Max in seinen Bann,
sodass er nicht gleich sagen kann,
in welcher parallelen Welt
er eigentlich sich auf jetzt hält.

Ob hinterm Ofen, ob im Wald?
So wirklich scheinen beide Welten.
Die Welt im Buch vermag uns bald
als greifbar und konkret zu gelten.

Max kehrt aus seinem Wald zurück
und legt den Lyrikband zur Seite.
Dazu ist Dichtung da zum Glück -
auf dass sie Freude uns bereite.

Mental gespeist und inspiriert,
nimmt er, bevor es kalt ihm wird,
zu sich, was Liese ihm bereitet,
im Inneren vom Wald begleitet.

Franziska Bauer

Illustration: Elisabeth Denner - © Franziska Bauer

Der perfekte Morgen

Sie beginnt zu saugen. Zunächst ein wenig zögerlich durchbricht ihr Schlürfen die morgendliche Stille und füllt den Raum.

Ich lehne mich zurück, entspanne mich, schließe meine noch müden Augen wieder, lasse mich in Gedanken noch einmal träge zurück in die lustvollen Träume der Nacht gleiten und freue mich auf den erwarteten Genuss. Meine Hände ruhen locker auf meinen Schenkeln. Kein Anlass, sie in diesem Moment in irgendeiner Weise einzusetzen.

Sie fährt fort, mit leicht modulierten, doch unzweifelhaft genüsslichen Geräuschen, und meine Gedanken wandern hinein in ihr Innenleben, zu der Vorstellung, wie sie allmählich mehr und mehr in Hitze gerät, und die Flüssigkeiten in ihr in Wallung gelangen, brodelnd, schäumend, schließlich kochend. Lange dauert es nicht, und mein Körper und mein Kreislauf reagieren mit deutlich spürbarer Anregung auf diese Vorstellung.

Das Geräusch lässt nach. Nur das Geräusch ... Heiß, wie sie inzwischen ist, setzt sie ihr Werk fort. Nur leise eben. Nicht minder effektiv, nicht minder darauf bedacht, mich anzuregen.

Ich kenne sie gut, habe in den Jahren, die sie bei mir ist, eine genaue Vorstellung davon gewonnen, was in diesen Momenten in ihr vorgeht. Und ich habe begonnen, sie zu lieben!

Wir harmonieren inzwischen fast perfekt. War ich zu Anfang noch ein wenig ungeduldig, viel zu fokussiert auf den Abschluss, ohne Wertschätzung für den Prozess, so kann ich es inzwischen wirklich auch genießen, sie ihr Werk verrichten zu lassen, und dabei noch einmal entspannen und mich mental auf meinen Tag einstimmen.

Immer jedoch mit meinen Sinnen auch bei ihr. Wie weit ist sie? Stimmt alles für sie? Ist heute möglicherweise etwas anders als üblich?

Es ist nie etwas anders als sonst, nicht bei ihr, und das ist ein wichtiger Teil dessen, was ich so an ihr liebe. Ich kann mich auf sie verlassen. Immer und absolut.

Just in time steht mein Tagesplan - perfekt durchstrukturiert - in meinem Kopf. Jetzt ist genau der richtige Zeitpunkt, meine Wahrnehmung voll und ganz auf sie zu konzentrieren. In diesem Augenblick muss es passieren! Es kommt immer nach der gleichen Zeit. Ich könnte meine Uhr danach stellen.

Die Hitze, die in ihr wirkt, kann nicht folgenlos bleiben, und stets zeigt sie dieselbe Wirkung.

Wie ich dies zu schätzen weiß! Ich öffne meine Augen, um diesen lustvollen Moment nicht zu verpassen.

Und da ist er! Genau wie ich es immer beobachtet und auch heute wieder erwartet habe! Sie beginnt zu tropfen.

Einen kurzen, irritierten Moment lang meine ich, einen leicht orientalischen Duft wahrzunehmen. Doch nein, ich habe mich getäuscht. Wie hätte es auch anders sein sollen? Diese Variation von arabisch liegt in der Luft, wie gewohnt und erwartet, dieser Geruch, den ich so liebe, der immer auftritt, wenn ich beginne, sie zu füllen, und der noch so viel intensiver wird, wenn sie dann zu tropfen anfängt. Wie genau jetzt.

Tropfen um Tropfen erscheint, löst sich, in zunehmender Geschwindigkeit, heiß und flüssig, wird zu einem Rinnsal, das ich freudig und gespannt beobachte, in Erwartung dieses Moments, in dem sie unbeherrscht und ekstatisch alles herausspritzen wird, ganz aufgegangen in der Bestimmung ihres Daseins.

Er kommt, der ersehnte Moment! Sie kommt! Sie spritzt!

Ich schließe die Augen ein weiteres Mal, und Genießer, der ich bin, sauge ich diesen köstlichen, vollendeten Duft in meine Nase!

Ein Hoch auf die Espresso-Maschine! Der Kaffee ist fertig!

Karsten Beuchert

Die Welt war grün und voller Licht

Um uns her sahen wir sie tanzen,
die weißen Strahlen, Sommerzeit.
Auf den Gräsern und den Pflanzen,
all' vereint, im großen Ganzen.
Spiel der Schatten, Herrlichkeit.

Uns'rem weichen, bloßen Schritte,
sanft umschmeichelt noch von Tau,
folgten unseres Rosses Tritte,
in der hehren Wiesen Mitte.
Und die Lüfte flossen lau.

Denkst du noch an unser Lachen?
An die Wunder, flüchtig, klein?
Ob im Träumen oder Wachen,
wenn grau uns Jahre überdachen,
wird jede Spur verloren sein.

Und doch, und doch, seh' ich uns strahlen!
Ein Moment, wie in Kristall.
Möge auch die Welt verkahlen
und sich selbst zu Staub zermahlen.
Bis zum letzten, großen Knall!

Dieser Ort ist uns zu Eigen,
dort, ja dort, da sind wir frei!
Ewig jung, wie wir uns zeigen,
freudig uns zur Erde neigen.
Ein Bild, für immer, nur wir drei.

Magdalena Ecker

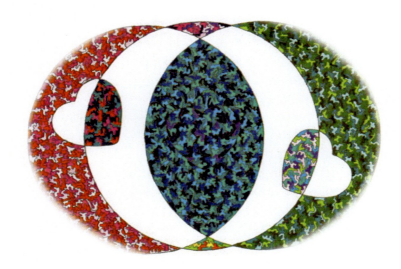

Verlorene Schätze

Die Umzüge mit ihrer Familie zählte Mirja schon gar nicht mehr.

„Schätzungsweise fünf, vielleicht sechs" sagte sie, wenn jemand fragte, „... die Familie geht mit, mein Mann arbeitet mal hier und mal da, wir haben uns daran gewöhnt."

Normale Situationen, nannte sie es, wenn Packen und Ausräumen der wichtigsten Sachen das vorübergehende Entfernen der Lebensqualität in einen Möbelwagen anzeigten.

Vorsichtig wurden alle Kleinode transportiert, und jeder, der half, bemühte sich, dass alle Schätze heil und vollständig an den neuen Ort überführt werden konnten.

Auch Freunde und die Kinder Lydia und Jonas zeigten unermüdlichen Einsatz.

„Anders geht's doch auch gar nicht!"

Doch einer fehlte im Trubel - Georg. Er organisierte, telefonierte viel, verabschiedete sich hier und da, verhielt sich unauffällig. So nahm jeder in der Familie auf seine Weise Abschied - und jeder hatte seine besondere Art, mit den wechselnden Eindrücken umzugehen.

Damals, in den Anfängen, war Mirjas Einwand noch laut:

„Schon wieder umziehen?"

Doch nach mehreren ‚Trainingseinheiten' wurde sie perfekt und nahm die Herausforderung an.

„Die Hauptsache sind die Kinder und meine Arbeit, mein gesamter Schreib- und Bücherkram ..., der muss unversehrt mit."

So war auch dieser neuerliche Wechsel eine Bereicherung, obwohl Mirja das Gefühl hatte, er koste besonders viele Nerven.

Das Suchen der Routine im Alltag gelang nur mühsam, es brauchte viel Zeit, den Rhythmus der neuen Stadt zu finden, um sich ihr zu nähern. Doch dann mailte sie ihren Freunden:

„Alles gut, hier würd' ich gern länger bleiben."

Ein paar Wochen später erzählte sie ihnen, dass Georg doch schon wieder weg müsse, vielleicht für ein Jahr.

„Diesmal gehen wir nicht mit. Die Kinder und ich bleiben, wir warten die Zeit ab."

In den folgenden zwei Jahren pendelten Mirja und die Kinder so oft es möglich war hin und her. Und für die Ferienzeit kannten sie nur ein Ziel:

Dorthin reisen, wo unzählig viele Lämmer und Schafe blöken, im Sommer Winter ist und es herrlich schöne Ketten aus Muscheln zu kaufen gibt.

Doch dann! Mirja nahm die Nachricht ihres Mannes gelassen auf, denn am Ende war's unabwendbar: der vorerst letzte Umzug.

„Hurra, wieder eine andere Schule! Wieder neue Lieblingsplätze!"

Die sind Meister der Anpassung, dachte Mirja und freute sich, dass ihre Kinder so gelassen und fröhlich reagierten.

Und wieder organisierten unsichtbare ‚Heinzelmännchen' vor und hinter den Kulissen das Packen und Räumen. Nur Mirja blieb dem unruhigen Treiben fern.

Sie beobachtete vom Fenster aus, wie alles um sie herum wirbelte und sah den Mitarbeitern des Trödelunternehmens zu, wie sie unbrauchbar gewordene Utensilien sowie Kisten und Kartons in einen LKW luden. Eine nach der anderen ...

Dann blickte sie auf ihr weißes Gipsbein - ein Stepptanz war damit nicht mehr möglich - diese blöde U-Bahn-Treppe! Und deshalb war's auf besondere Weise rührend, wie sehr sie den Eifer der vielen Helfer wertschätzte.

Mirja dachte ans neue Zuhause. Viel Licht und Grün wünschte sie sich, und - in der Tat, die neue Wohnung zeigte sich hell mit viel Licht und von Buschwerk umgeben.

Leise schlich sich sogar das Gefühl einer Feierlaune ein, dann, wenn alles vorbei wäre und der Wirrwarr vergessen.

Endlich, nach einigen Tagen waren die meisten Kartons geleert, und auch die Bilder hatten ihren Platz gefunden.

„Wir können aufatmen", sagte Georg erleichtert.

Doch Mirjas Blick zeigte Skepsis. Sie war beunruhigt.

„Aufatmen sagst du? Aufatmen? Ich ahne Schlimmes, ich fürchte ein Desaster!"

Und dann entlud sich ein wahres Wortgewitter, denn Mirja behauptete unüberhörbar laut, dass sie ihre Bücherkartons vermisse.

„Die müssen doch hier irgendwo sein!"

Schließlich suchten alle noch einmal in den Zimmern, im Keller, in der Garage, sogar draußen - vergeblich.

Aber Mirja gab nicht auf, wagte sich trotz ihres Handicaps noch einmal in alle Winkel und Ecken und widersprach Georgs Kritik, unbedingt *weitermachen* zu wollen, kein Ende zu finden.

„Das siehst du falsch", sagte sie gereizt, „ich vermisse meine Bücherkisten! Alle! Oder gibt es hier Verstecke, die ich noch nicht kenne?" Hilfe suchend sah sie zu Georg, dann zu Lydia, zu Jonas. Die standen regungslos vorm Terrassenfenster.

„Nun sagt doch etwas", schrie Mirja in diese unerträgliche Stille.

Mittlerweile war jedoch klar, dass es zwecklos sein würde, weiter zu suchen - die Wahrheit war eine andere. Und dafür gab es nur eine Erklärung: Das Trödelunternehmen hatte im guten Glauben alle Kisten und Kartons, die aufgereiht nebeneinander standen, am Morgen des Umzugs aufgeladen und mitgenommen. Ein verhängnisvoller Fehler.

Mirja empfand Wut und Verzweiflung über diesen unglückseligen Hergang im Verlauf des Umzugs und ihre Gefühle hüpften wild und wirr durcheinander.

Bücher, Arbeitsmaterialien, Manuskripte - weg! Geschichten, Erlebnisse, die sie berührt hatten, Romane, beim Lesen so fesselnd, dass die Spannung ihr glühende Wangen zeichnete - weg! Werke von Beauvoir, Sartre, Baudelaire, Sarah Kirsch ..., Wegbegleiter, mit denen sie gelacht, geweint, über sie recherchiert und ihre Lehren lieben gelernt hatte - weg und verloren.

Georg machte den Vorschlag, sofort bei der Firma anzurufen, doch Mirja unterbrach ihn.

„Aussichtslos", sagte sie, „schon zu lange her. Die Sachen werden unmittelbar nach dem Aufladen auf Flohmärkte oder in Hallen gebracht. Mit unserem Auftrag haben wir außerdem auf alle nachträglichen Ansprüche verzichtet."

Georg widersprach nicht, er wusste, die ‚Sache' war so gut wie verloren. Es hatte auch keinen Sinn, sich jetzt ‚cool' zu geben oder etwas Tröstendes zu sagen. Mirja und Bücher, das war wie ..., er konnte es nicht beschreiben.

Sie beide hatten sich bei Gesprächen über Bücher kennen gelernt, wurden ein Paar und zogen zusammen. In ihren Zimmern lagen von Anfang an überall Bücher über Bücher oder auch Manuskripte zum Bearbeiten auf dem Fußboden verteilt.

„Das ist meine Welt! Und eine meiner Arbeitsmethoden", sagte Mirja und grinste breit, wenn sie erklärte, das Chaos auf dem Fußboden sei wichtig für die Ordnung im Kopf ...

Bei einem besonderen Anlass seiner Frau, daran erinnerte sich Georg, während er zu Mirja hinüber sah, da hatte sie gesagt, ihre Bücher seien für sie so etwas wie ‚Das Paradies'.

„Ich gehe in ihnen spazieren, wie andere in ihrem Garten. Ich atme ihren Duft, der manchmal dumpf, wie der von Moschus ist, oder lieblich, fast kitschig. Ich liebe oder hasse die Protagonisten, zumindest solange, wie ich mich mit ihnen beschäftige, also immer eine gewisse Zeitlang ..., und manchmal auch wieder, wenn ich glaubte, sie schon vergessen zu haben. Dann mach' ich mich noch einmal auf den Weg, gehe mit ihnen am Strand entlang, folge Abenteurern nach Sydney oder bewundere eine ungewöhnliche Freundschaft."

Ja, so hatte es Mirja gesagt.

Und während Georg überlegte, wie dieser Tag und die Tage danach wieder unbekümmert werden könnten, fiel ihm ein Spruch von Marcel Proust ein: „Das einzige Paradies ist das verlorene Paradies."

Eine wilde, kühne Behauptung, fand Georg, über die es sich aber lohne, nachzudenken - vielleicht mit Mirja. Vielleicht.

Ursula Lübken-Escherlor

21

Am Hause meiner Eltern

Dort am Hause meiner Eltern schweifen
Blick und Herze in der Treue Bund.
Will das eig'ne Trachten man begreifen,
braucht's beseelter Werte traute Kund'.

Da hineingeschoben in das Grüne,
steht das firme Mal der Lieben viel,
war der holden Kindheit lichte Bühne,
sah in all der Zeit so manches Spiel.

Sich empor aus wägem Grunde recken
Schirmens Kräfte aus gefügtem Stein.
Gipfelnd sie in sachter Röte decken
das Edikt des Baues, schlicht und klein.

Der Erinn'rung bunte Scharen währen.
In Gelassen Fühlens Hoheit wirkt.
Stet behegt von einem reich' Gebären,
leichte Schwermut sich am Hause birgt.

Dorthin stets mich gerne führt die Gasse,
wo die Weisen meiner Heimstatt weh'n,
dass der Welten Pracht nur mehr verblasse,
hier mir Blick und Herze übergeh'n.

Wolfgang Rödig

Liebe verjährt nicht

Wie ein entflohener Sträfling war sie in ihr Auto gesprungen und hatte Gas gegeben. Geschwindigkeit als Frustkiller.

Aber kaum kam sie wie ein Geschoss aus der Tiefgarage geflogen, nahm sie der ständig kurz vor dem Kollaps stehende Autoverkehr in die Zange. Frustkiller ade.

Ab jetzt war ,stehen im Stau' oder ,fahren im Schritttempo' angesagt, denn der Verkehrsstrom, in dem sie alle wie Treibholz eingekeilt waren, wälzte sich nur langsam dem Stadtzentrum entgegen. Und an jeder Fußgängerampel versammelten sich riesige Menschenmassen, die bei Grün zusätzlich auf die Fahrbahn drängten.

Smog hing sichtbar in der Luft und drang, zusammen mit schier unerträglichem Lärm, durch den offenen Spalt des Fensters auf der Fahrerseite. Wütend schloss sie das Fenster.

Sie musste raus aus dieser unseligen Stadt, in der sie sich in letzter Zeit wie eine Getriebene vorkam. Vor allem aber musste sie raus aus ihrem Job und dem Elend und Entsetzen, das ihr dieser tagein tagaus im Überfluss bescherte.

Ihre Abteilung bei der Kripo war bereits seit Wochen unterbesetzt und es fehlte ein Kollege, der nach einem langen Krankenhausaufenthalt gleich in die Reha gekommen war. Zum denkbar ungünstigsten Zeitpunkt, denn ein Serienmörder hielt die Stadt in Atem und beschäftigte ihr Team bis an die Grenze des Machbaren. Seitdem zählte ihr normaler Arbeitstag sechzehn Stunden, und oft konnte sie nicht einmal mehr nachts im Bett abschalten.

Inzwischen war sie an einem Punkt angelangt, wo sie die vielen hoffnungslos verkorksten Typen nicht mehr sehen und ihre lausigen Ausreden nicht mehr hören konnte, die ihr täglich aufs Neue die Sinnlosigkeit ihrer Bemühungen vor Augen führte.

Was ihr aber heute endgültig den Rest gegeben hatte, war eine verstockte, mit einer Ladung Heroin zugedröhnte Prostituierte, die ihr gegen Ende des Verhörs auf den Tisch gekotzt hatte.

Sie hatte ihren Kollegen gerade noch nach draußen bitten und ihm sagen können, dass er allein weiter machen müsse, weil sie sonst Amok laufen würde.

Das letzte gemeinsame Frühstück oder Abendessen mit ihrem Mann, ganz zu schweigen von einer Unterhaltung, lag schon so weit zurück, dass sie sich gar nicht mehr daran erinnern konnte. Dabei vermisste sie die Gespräche mit ihm.

Max war Landschaftsgärtner und schwor, dass es keinen schöneren Beruf gab. Sein Tag war auch oft lang und beschwerlich, aber wenn er ihr von seiner Arbeit erzählte, ging es um Wachsen und Gedeihen, um Sinnvolles und Großartiges. Die Begeisterung für seinen Beruf hatte ihre Seele jedes Mal zum Schwingen gebracht.

Unbewusst hatte sie sich wohl schon lange nach der Schönheit und Stille gesehnt, die sie nun in dem verwunschenen Park zu finden hoffte, der ihr beim Verlassen der Tiefgarage spontan als Zufluchtsort eingefallen war.

Max hatte den winzigen, grünen Fleck außerhalb der Stadt irgendwann zufällig auf seiner Straßenkarte entdeckt. Einen kleinen Park mit einem in die Jahre gekommenen Irrgarten, in dem sie sich zu ihrem ersten Rendezvous getroffen hatten.

Ein Hupkonzert riss sie aus ihren Gedanken. Sie konnte nicht erkennen, worum es ging, aber plötzlich löste sich der Stau wie durch Zauberhand auf, und kurz danach rollte sie bereits durch den von ihr angesteuerten Vorort.

Die Straßen wurden schmaler und verwinkelter, die Häuser kleiner und die Abstände zwischen den einzelnen Häusern größer. Und als sie einen Blick zurück warf, hatte sich die hässliche Großstadt in ein riesiges, waberndes Lichtermeer verwandelt.

Inzwischen war die Straßenbeleuchtung angegangen und sie schaltete nun auch die Scheinwerfer ein, nachdem sie eine Weile ohne Licht durch die beginnende Dämmerung gefahren war.

Sie liebte diesen magischen Übergang vom Tag zur Nacht, in dem die Konturen formlos werden und sich langsam auflösen.

Nachdem sie die letzten Häuser hinter sich gelassen hatte und in die Sackgasse abgebogen war, tauchte an ihrem Ende unverkennbar der Eingang zum Park auf.

„Hector Guimard!" hatte Max damals beim ersten Anblick ausgerufen und sofort von ‚art nouveau' und den berühmten Eingängen zur Metro in Paris geschwärmt.

Parkanlagen und Irrgärten hatten bis zu diesem Sommerabend keine Rolle in ihrem Leben gespielt. Und noch nie zuvor war sie einem Mann begegnet, der zwischen dem Küssen so viel redete.

In kürzester Zeit hatte er ihr alles über Irrgärten heute und in den vergangenen Jahrhunderten erzählt. Und zwar so anschaulich, dass sie die hübschen Bilder jederzeit in ihrem Kopf abrufen konnte.

Die Erinnerung an ihre erste gemeinsame Zeit zauberte ein Lächeln auf ihr Gesicht.

Immer noch lächelnd parkte sie und stieg aus. Ihre Schritte knirschten auf dem spärlich beleuchteten Kiesweg zum Parkeingang, der von zwei riesigen Pflanzen aus Hectors Werkstatt flankiert wurde. Sie standen dort und vereinzelt auch im Park, um den abendlichen Besuchern mit ihren blassen, gläsernen Knospen den Weg zu weisen.

Sie strich zärtlich mit der Hand über die Lehne der schmiedeeisernen Bank, die immer noch, eng an die grüne Wand geschmiegt, neben Hectors Eingang stand.

Auf dieser Bank hatten sie sich zum ersten Mal geküsst und die Welt um sich herum vergessen. Wie verliebt sie damals waren, wie viel Zeit sie füreinander hatten, wie unbeschwert ihr Leben gewesen war!

Was war geschehen? Wann war ihnen diese wunderbare Leichtigkeit verloren gegangen?

Erschöpft setzte sie sich einen Moment auf die Bank, lehnte sich zurück und schloss die Augen.

Auf einmal huschten fröhliche Gestalten durch das grüne Labyrinth, lachend und ein wenig atemlos.

Ihre Füße steckten in seidenen Stiefelchen, die verwegen unter bunten Krinolinen hervor blitzten. Zierliche Sonnenschirme tauchten zwischen den Irrwegen auf und ab, und blonde, rote und schwarze Korkenzieherlöckchen hüpften über mädchenhafte, in schäumende Rüschchen gefasste Dekolletés.

Eine schrille Frauenstimme weckte sie auf.

„Halt' die Klappe, du Schlampe!", lallte ein Mann mit dicker Zunge.

„Sag du mir nicht, was ich zu tun habe, Arschloch!", konterte stockbesoffen die Frauenstimme.

Ihre groben Stimmen waren aus dem Park gekommen und hatten ihn schlagartig entweiht. Sie sprang auf und musste auf dem Weg zu ihrem Auto mit den Tränen kämpfen.

Vor dem Einsteigen wandte sie sich noch einmal kurz um und sah, wie ein Liebespaar gerade den Park verließ, das vermutlich auch vor den brutalen Stimmen geflüchtet war. Und dann erkannte sie ihren Max an der Seite einer ihr unbekannten Frau.

‚Mord verjährt nicht' erinnerte sie sich plötzlich. Die Suche nach dem Mörder hört nie auf.

War das alles, was ihr dazu einfiel? Auf der Fahrt nach Hause überfiel sie sogar eine unerwartete Heiterkeit.

War sie verrückt geworden?

Nein. Und sie würde auch nicht zusammenbrechen, sie würde das Wort ‚Mord' durch ‚Liebe' ersetzen und Max im Hier und Jetzt wieder finden.

Carin Chilvers

Momente

gestohlenes Glück

kaum Erwartungen

einfach existieren

Dasein

im Hier

Jetzt

in Träume fallen

Gefühle zeigen

niemals versäumen

ewiges Bedauern

vorherbestimmt

kein Zurück

leben lieben

Zweisamkeit

Im Paradies

Angelika Groß

Regenträume

Seit drei Tagen Dauerregen und es ist kein Ende abzusehen! So habe ich mir die schwer erkämpften freien Tage auf dem Campingplatz nicht vorgestellt. Ich träumte von Sonnenstrahlen, die mich wach kitzeln, dem ausgedehnten Frühstück auf der kleinen Terrasse, Eiskaffee am Nachmittag und von lauen Abenden mit Rotwein und Kerzenschein - das ist Glück.

Frustriert mache ich mich während einer Regenpause für die nachmittägliche Pflichtrunde mit den Hunden fertig. Heute bin ich schon zweimal nass bis auf die Knochen geworden, denn ich habe, Optimistin, die ich bin, beim Gassi gehen auf einen Regenmantel und die Gummistiefel verzichtet. Das passiert mir nicht noch einmal, also ab in die Regenkluft und los geht's.

Meine zwei Dackel schauen mich missmutig an, denn selbst sie scheinen keine Lust zu haben im Regen herumzutapppen. Doch darauf werde ich keine Rücksicht nehmen.

Nach einem kräftigen Ruck an der Leine folgen sie mir unwillig durch die kleine Pforte auf den düsteren Waldweg. Hier tropft es von jedem Ast, von jedem Blatt und selbst die Bäume sehen traurig aus.

Im Gehen sinniere ich vor mich hin. Wieso bin ich nur auf die dämliche Idee gekommen, ausgerechnet hier Urlaub zu machen. Das ist ja wieder typisch. Kaum bin ich da, regnet es in Strömen.

Was will ich eigentlich in diesem winzigen Kaff mit seinen spießigen Einwohnern und was will ich auf einem Campingplatz? Ich wollte einmal die Welt erobern, wollte alle großen Städte dieser Erde sehen, jeden Tag Action haben und mich niemals langweilen.

Wollte von der Golden Gate Bridge spucken, sehen, wie der Sonnenuntergang den Ayers Rock blutrot färbt, wie Marilyn im gelben Regenmäntelchen unter den Niagarafällen posieren und wie in einem Agatha Christie Roman stilgerecht auf dem Nil kreuzen. Und jetzt sitze ich im Harz, in einem verdammten Regenloch!

Wir sind an einem kleinen, verschwiegenen See, mitten im Wald angekommen. Ganz in Gedanken habe ich einen unbekannten Weg eingeschlagen. Wie friedlich es ist. Eine kleine Holzbrücke führt über das Wasser.

Ich bleibe mitten auf der Brücke stehen, lehne mich an das Geländer und versinke weiter im Selbstmitleid. Ich wollte die Welt sehen, jeden Tag Action haben - das ist Lebensqualität!

Plötzlich geschehen mehrere Dinge auf einmal: Die Wolkendecke reißt auf und ein glitzernder Sonnenstrahl lässt das Wasser silbern glänzen. Gleichzeitig spiegeln sich die umliegenden Bäume darin, bewegen sich sanft in den kleinen Gluckerwellen, die auf dem See schaukeln.

Ein dicker Karpfen steckt sein rundes Kussmaul aus dem Wasser. Er scheint mir zuzuzwinkern und eine Entenmama kommt mit ihren puscheligen Küken unter der Brücke hervor.

Die Kleinen machen wohl die ersten Schwimmversuche. Eifrig bemühen sie sich ganz dicht bei der Mutter zu bleiben, purzeln fast übereinander.

Unwillkürlich muss ich lächeln, schaue erst auf das Schauspiel, dann fällt mein Blick auf die Dackel-Gang. Die zwei sitzen nah zusammen, schauen zu mir hoch und lächeln mich an, jedenfalls sieht es so aus. Und plötzlich weiß ich, dass ich alles richtig gemacht habe.

Sicher ist es aufregend und toll, die große, weite Welt zu sehen, aber das hier ist meine kleine, heile Welt, mein Ruhepunkt im oft so hektischen und aufreibenden Alltag - und das ist mein ganz persönliches Paradies!

Nachtrag:
Inzwischen habe ich von der Golden Gate gespuckt und alles Andere auch ausprobiert. Trotzdem schließe ich mich Dorothy an, wenn sie sagt: „Am Schönsten ist es doch daheim."

Angie Pfeiffer

Dann ist's zu spät

Gar manchen treibt in dieser Welt
nur ein Wunsch, und das ist Geld.
Damit, meint er, sei ganz gewiss
das Leben wie im Paradies.

Drum ackert er und tut und schafft,
verbraucht dabei viel Lebenskraft,
bringt's zum Erfolg und auch zu Geld,
meint, dass das alles wär' was zählt.

Bis alt und krank er dann sieht ein:
das Glück kommt nicht vom Geld allein.
Dann ist's zu spät, 's ist wie es ist,
verloren ist das Paradies.

Helga Kamm

Geburtstagstorte

in der Schneekugel

Endlich sechs Jahre alt - endlich ein Schulkind! Mit meinen Beinen gebe ich Schwung und schaukele so hoch, dass ich juchzen muss.

Ich bin ein fröhliches Mädchen. Eines, das man sich gerne mit zwei geflochtenen, blonden Zöpfen, blauen Augen und einem bunten Sommerkleidchen vorstellt.

Tatsächlich sind meine Haare genauso braun wie meine Augen, und Zöpfe finde ich doof. Am liebsten trage ich Jeans und schlabbrige Shirts oder meinen Schlafanzug, so wie jetzt.

Mutig stelle ich mich auf das Schaukelbrett und lasse mich im Stehen vor und zurück schwingen. Herrlich! Ich kann mich über viele Dinge freuen: Über den Strudel, den das Wasser beim Ablaufen in der Badewanne macht. Über Schnee. Über die kleinen Hügel aus Puderzucker auf einer Waffel und über alles, was sich dreht und bewegt.

Am meisten freue ich mich, wenn ich Geburtstag habe - so wie heute. Leider ist dieser Tag schon fast vorbei. Mama wird bestimmt gleich merken, dass ich nochmal ausgebüxt bin.

„Christina, wo steckst du? Du solltest doch längst im Bett sein!"

Wusste ich's doch! Schnell springe ich ab, lande auf den Knien und muss mir den Sand von der Baumwollhose klopfen, bevor ich ins Haus flitze und mich ratzfatz unter die Bettdecke kuschele.

Mama schimpft nicht. Ich habe ja heute Geburtstag und bekomme einen besonders dicken Gute-Nacht-Kuss.

Oma hat mir das weltbeste Geschenk mitgebracht: eine Schneekugel! Eine Schneekugel - mitten im Sommer. Zauberhaft sieht es aus, wenn die weißen Flocken langsam auf die mit Zuckerguss überzogene Torte sinken. Im Schein meiner Taschenlampe wirkt es besonders märchenhaft. Vom Paradies hat Oma geredet, als ich die Kugel ausgepackt habe. Ich gebe ihr Recht. Wieder und wieder schüttele ich die Kugel und kann mich nicht sattsehen an der weißen Pracht. Die Torte steht auf mehreren Stufen und sieht unglaublich festlich aus. Die winzigen Zuckerstreusel schillern in allen Farben. Mein süßes Paradies. Endlich sechs. Selig vor Glück schlafe ich ein.

Zwanzig Jahre später bin ich immer noch leicht zu begeistern von allem, was sich dreht und bewegt.

Ich bin auf dem Montmartre Karussell gefahren und habe mir die berühmte Sacré Coeur angeschaut. Nun sitze ich auf den Stufen des Butte Montmartre und drehe meine Schneekugel aus Kindertagen versonnen hin und her. Abwechselnd bewundere ich die Kunststücke der jonglierenden Artisten oberhalb der Treppe und den herabsinkenden Kunstschnee in meiner Hand.

Seit dem Moment, als mir klar geworden ist, dass die mehrstöckige Sahnetorte kein süßes Paradies sondern eine berühmte Kirche in Paris darstellt, hatte ich den Wunsch, hierher zu fahren. Endlich ist er wahr geworden.

Die Sahnetorte in meiner Hand heißt Sacré Coeur, die kleinen Streusel auf dem Podest sind winzige Menschen auf den hellen Treppenstufen. Wenn man ganz genau hinschaut, sind sogar die Reiterfiguren auf dem Vorbau der Kirche zu erkennen. Als aufgeregte Sechsjährige kann man sich da schon mal vertun.

Paris - Paradies. Die drei Tage an der Seine haben es mir bestätigt, und ich bin ein bisschen traurig, dass ich morgen früh schon wieder die Heimreise antreten muss. Die Stadt ist noch schöner, als ich sie mir vorgestellt hatte. So lebendig, so vielseitig, so malerisch. Und ich habe doch nur einen Bruchteil davon in der kurzen Zeit sehen können.

PARIS ADE - einmal geschüttelt PARADIES.

So verkehrt lag ich damals als aufgeregte Sechsjährige damit gar nicht.

„Darf ich Sie fragen, wo Sie herkommen?", höre ich eine dunkel klingende Stimme ganz in der Nähe. Bin ich gemeint? Ich hebe den Kopf und blicke in ein sympathisches Gesicht mit verführerischen, braunen Augen.

„Ich beobachte Sie schon eine Weile und möchte gerne meinen Rotwein mit Ihnen teilen."

Es gefällt mir, dass er mich siezt. Es ist der Beginn der Liebe meines Lebens. Manuel.

Schon bald nach unserer Hochzeit meldet sich Nachwuchs an, und wir ziehen in ein kleines Haus am Ortsrand.

Meine Schneekugel bekommt einen besonderen Platz in der Küche oben auf dem Sideboard. Dort gerät mein Paradies manchmal monatelang in Vergessenheit, aber nie so ganz. Wir sind glücklich miteinander.

Die Kinder werden größer, der Alltag holt uns sein. Die Kinder werden flügge, der Alltag überholt uns.

Wieder sind zwanzig Jahre vergangen. Diesmal noch schneller als die zwanzig Jahre davor.

Ich habe Zahnschmerzen, und mein Tag war beschissen. Das entschuldigt nichts, aber es könnte als Erklärung herhalten.

Im Büro lief das Internet nicht und der Chef demzufolge Amok. Ein wichtiger Termin musste ausfallen und mein Rad versagte mir auf dem Nachhauseweg den Dienst.

Als Manuel nach Hause kommt, höre ich, dass er leise mit einer Frau telefoniert. Er spricht in dem Ton mit ihr, in dem er früher mit mir gesprochen hat.

Meine angestaute Wut des Tages tut sich mit einer großen Portion Eifersucht zusammen und schäumt über in eine nicht enden wollende Schimpftirade. Ich lasse ihn nicht zu Wort kommen, will nicht wissen, was er zu seiner Verteidigung zu sagen hat und steigere mich in Zorn und Lautstärke.

Manuel wird bleich und sieht mich unverwandt an.

„Das reicht! Ich gehe!"

„Du kannst jetzt nicht gehen! Ich bin noch nicht fertig!"

„Aber ich bin fertig!", stellt er tonlos fest.

„Du bleibst!", schreie ich verzweifelt.

In meiner Wut greife ich nach dem erstbesten Gegenstand, den ich werfen kann und schmeiße ihn nach Manuel. Nein, natürlich treffe ich nicht. Klirrend knallt meine heißgeliebte Schneekugel auf den Boden und zerspringt in tausend Teile.

Ich kann es kaum fassen und starre auf die nassen Glitzerteilchen, die sich auf den Fliesen verteilen.

Manuel schüttelt den Kopf, dreht sich um und lässt mich mit meinem Elend allein.

Mein Paradies liegt in Scherben auf dem Küchenboden, und er schließt geräuschvoll die Haustür. Ich habe es nicht besser verdient. Alles, was mir lieb und teuer war, habe ich zerstört.

Die Spuren meiner Tränen sind immer noch zu sehen, als Manuel wieder nach Hause kommt.

Er trägt einen Koffer bei sich. Mein Magen krampft sich zusammen bei der Vorstellung, dass er tatsächlich seine Sachen packen und ausziehen will. Ich möchte das nicht. Meine Seele schreit nein. Ich sitze stumm am Tisch und zittere.

Warum lächelt er so? Will er es so richtig auskosten?

Demonstrativ langsam öffnet er den Koffer. Darin befindet sich eine Plastiktüte. Sie raschelt, als Manuel hineingreift und ein ovales Glas mit Schraubdeckel herausholt.

Als er noch Kleber, Glycerin und Kunstschnee auspackt, verstehe ich. Wieder fange ich an zu weinen. Diesmal vor Rührung.

Gemeinsam lesen wir die Anleitung, kleben die Zuckerbäckerkirche auf dem Boden des Schraubglases fest und versöhnen uns wieder.

„Wofür der Koffer?", frage ich leise.

„Habe ich dir einen Schrecken eingejagt?" Manuel lacht, und seine Augen funkeln listig. „Ich finde, dass es wieder mal an der Zeit ist, zusammen in die Stadt der Liebe zu fahren."

PARIS – wir kommen. Die Kugel geschüttelt – mein PARADIES.

Andrea Timm

Blätterrauschen

Unser Dasein ist ein Segen
und die Erde ein Geschenk,
straucheln wir auf Lebenswegen
auch oft etwas ungelenk.

Sänger, Pilger sind die Sinne
in des Lebens Kirchenchor,
und die Liebe, Lust und Minne
sind Sopran und sind Tenor.

Über mir nur blaue Weiten.
Neben mir im Gras liegst du.
Frühlingsduft von allen Seiten.
Blätterrauschen raunt mir zu.

Aus den Bäumen, die uns säumen,
dringt ein lieblicher Gesang,
lädt melodisch ein zum Träumen,
singt voll purem Lebensdrang.

Ich vergesse Werbesprüche,
Leistungsdruck, Profit und Pflicht.
Raus aus der Gerüchteküche.
Seelenfrieden. Klare Sicht.

Ich entrinne jenen Zwängen,
die das Kapital diktiert,
den konformen Menschenmengen
und der Furcht, die uns regiert.

Dorthin kehre ich bald wieder,
lasse meine Sorgen hier,
trage sorgsam Lerchenlieder
und ein Paradies mit mir.

Andreas C. S. Jørgensen

Ein neues Update

„Zeit um aufzustehen, mein Lieber."

Siras lieblich klingender Weckruf ließ Sam aufwachen. Wie zu erwarten fühlte er sich angeschlagen. Sein Mund war pappentrocken, in seinem Kopf hämmerte es dumpf.

„Mist, ein Vodka zu viel", grummelte er.

„Kopfschmerztabletten liegen im Badezimmerschrank", erklang es sanft aus den unsichtbar angebrachten Lautsprechern.

„Mein Kopf! Sei lieber still! Du klingst wie eine überbemühte Ehefrau!" Mühsam richtete sich Sam in seinem Wasserbett auf, um sich gleich wieder zurücksinken zu lassen.

Er hätte am Vorabend vernünftig sein und seine Beförderung nicht so feucht fröhlich feiern sollen. Doch jetzt musste er wirklich aufstehen. Schließlich wollte er am ersten Tag in der neuen Position nicht gleich zu spät kommen.

Für einen Moment überflutete ihn ein unglaubliches Glücksgefühl. Endlich hatte er es geschafft - nach all der Plackerei war er ganz an der Spitze des Unternehmens angekommen.

„Was liegt heute an?", fragte er, während er sich aus dem Bett hievte.

„Heute Vormittag, genauer gesagt um 10 Uhr, ist eine Konferenz mit allen Abteilungsleitern, dann ein Arbeitsessen. Am Nachmittag hast du ein Meeting mit dem Leiter der kaukasischen Vertretung."

Trotz aller Euphorie seufzte Sam. Es würde ein langer Tag werden.

Nach dem Duschen betrat er seinen begehbaren Kleiderschrank.

„Dein Vorschlag, bitte. Was soll ich anziehen?", knurrte er.

„Laut den satellitengestützten Wetterdaten und der Tatsache, dass du jung und dynamisch auftreten willst, empfehle ich ein Poloshirt, eine Hose und ein Sakko. Smart Casual wäre sehr angesagt. Ein Anzug ist zu formell."

Sam kramte unlustig in seinen Sachen herum.

„Welche Farbe?", fragte er knapp.

„Nun, heute ist Afrika Tag", kam es gut gelaunt zurück.

„Quatsch nicht so blöd. Sag mir die Farben."

Sira ging ihm heute auf die Nerven.

„Das habe ich überhört", erklang es aus dem Lautsprecher.

Hatte er sich verhört? Ihm schien, als ob die Computerstimme beleidigt, wenn nicht gar wütend geklungen hätte.

„Es wird definitiv Zeit für ein Update. Vielleicht kaufe ich mir sofort die neue Version. Du nervst gewaltig. Noch einmal: welche Farbe!", murmelte er.

„Ich würde zu beige und braun raten. Beiges Shirt, bräunliches Sakko, dunkelbraune Hose, dunkelbraune Schuhe und Socken. Sonst noch Fragen?"

„Im Moment nicht. Sei froh, dass ich jetzt keine Zeit habe", grummelte Sam.

Achselzuckend schlüpfte er in seine Kleidung. Das fehlte noch, dass er Streitgespräche mit seinem Hausroboter führte.

Der Arbeitstag verlief sogar noch stressiger als erwartet.

Wenigstens legte sich das Unwohlsein. Die Kopfschmerzen verschwanden fast vollständig.

Gegen 19 Uhr ließ sich Sam in seinen Lieblingssessel im Wohnzimmer plumpsen. Er atmete tief durch. Sein neues, computergesteuertes Haus kam seiner Vorstellung von einem kleinen Paradies schon sehr nahe.

„Willkommen zu Hause. Ich hoffe es geht dir gut", begrüßte ihn Sira mit samtweicher Stimme.

„Ich habe über Tag ein Update eingespielt. Jetzt kann ich noch viel besser auf alle deine Bedürfnisse eingehen."

Apropos Paradies! Sam grinste hoch erfreut.

„Das ist sehr schön. Ich hatte einen wirklich anstrengenden Tag und will nur noch entspannen. Was würdest du mir empfehlen?"

„Die Sauna ist vorgeheizt. Wenn du möchtest ..."

Irrte er sich oder klang Siras Stimme noch zuvorkommender als sonst. „Vorsorglich habe ich mich um eine Masseurin gekümmert.

Wenn dir der Sinn danach steht, kann ich sie jederzeit herbestellen. Sie wäre in einer halben Stunde verfügbar."

Das neue Update gefiel Sam immer besser.

„Sauna ist jetzt genau richtig. Die Sache mit der Massagenummer machen wir ein anderes Mal."

Rasch entledigte er sich seiner Kleidung, schlang sich ein Handtuch um die Hüften und ging in die untere Etage des Hauses, wo ihm aromatische Düfte entgegen schmeichelten.

In der Sauna ließ er sich entspannt auf die Bank sinken und lauschte den Klängen der klassischen Musik, die dezent im Hintergrund spielte.

Er legte sich bequem auf die Bank, schloss die Augen und überließ sich ganz der erholsamen Entspannung.

Sam fuhr erschreckt auf. Ihm war schwindelig. Wie lange lag er schon in der Sauna? Und was war das für eine Musik? Er horchte angespannt und erkannte den Trauermarsch von Chopin.

„Sira", rief er leicht panisch. „Wie lange sollte ich in der Sauna relaxen ohne dass es meiner Gesundheit schadet?"

„Circa 15 Minuten, höchstens 20", war die prompte Antwort. „Jetzt bist du 45 Minuten und 23 Sekunden in der Sauna. Aber du bleibst noch eine gute Stunde drin." Dann klickte es.

Zitternd stand Sam auf, versuchte die Tür zu öffnen, was ihm nicht gelang. Sira hatte die elektrische Türverriegelung aktiviert.

,Vielleicht war das Update doch keine so gute Idee', dachte er, bevor er das Bewusstsein verlor.

Robin Royhs

Geld verdienen im Schlaf

In China bin ich durch Einkaufsstraßen gelaufen,
denn ich wollte Raubkopien für einen Euro kaufen.
Mehrere CDs hatte ich bereits in der Hand,
doch was sah ich dort, vor dem Regal an der Wand?

Die Verkäuferin schlief wie ein Murmeltier
und ich fragte mich: „Was mache ich jetzt hier?
Sollte ich sie erschrecken und aufwecken?
Oder vielleicht alles gratis einstecken?"

Nein, ich legte die Ware wieder zurück ins Regal
und dachte mir, das Ganze ist ohnehin nicht legal.
So ging ich brav zurück zu meinem Quartier
und bestellte mir in der Hotelbar ein kühles Bier.

Der Alkohol trug mich in das Reich der Fantasie.
Plötzlich war alles um mich wie Paradies und Poesie.
Das wär's doch: Geld verdienen im Schlaf!
Aber wie geht denn das als Fotograf?

Hermann Bauer

© Hermann Bauer

Seelenfrühling

Die fünfstündige Fahrt vom kalifornischen Fresno über den nach Norden führenden Highway 99 war unspektakulär, bis wir in Madeira nach Nordosten abbogen und die Ortschaften nur noch unscheinbare Flecken inmitten satter Wiesenlandschaften waren.

„Ich glaube, das war Raymond", bemerkte mein Bruder Harry und deutete in die Richtung, aus der wir gekommen waren.

Wir setzten zurück, um uns zu vergewissern.

„Nehmt die nächste Straße links. Ist ausgeschildert", erklärte der Inhaber von Raymonds Gas Station, nachdem wir ihm unser Ziel genannt hatten.

„Ausgeschildert?", spöttelte ich wenig später.

Ein windschiefes Brett an einem krummen Ahornbäumchen markierte Road 613, unseren nächsten Streckenabschnitt.

Auf dem Straßenatlas war die Route, ein kurvenreicher, schattiger Sandweg, nicht verzeichnet. Er hätte leicht unheimlich wirken können, wären da nicht die Sonnenstrahlen gewesen, die durch das Blattwerk mächtiger Buchen, Kastanien und Eichen blinzelten und der Einsamkeit den Zauber einer geheimnisvollen Schönheit verliehen.

Kein Laut von Mensch, noch Maschine war zu hören. Die Zivilisation schien sich verabschiedet zu haben. Stille, bis auf das Glucksen eines Flusslaufs zu unserer Linken und Vogelgezwitscher in Manzanita- und wilden Fliederbüschen.

„Ist die Ruhe nicht wunderbar?", fragte Harry.

„Wohltuend", antwortete ich, wenn auch mit leichtem Unbehagen. Was würde mich in dieser Abgeschiedenheit erwarten?

„Gleich haben wir es geschafft."

Nach einer weiteren Stunde Fahrt zeigte Harry auf einen hölzernen Wegweiser, der unser Ziel, die 2P-Ranch, auswies.

Gleich? Weit gefehlt! Die Einfahrt zur Ranch, ein mit Schotter gefüllter Weg, schlängelte sich durch felsiges Terrain, war ansteigend, abfallend, mit Schlaglöchern, bis sich ein Tal von atemberaubender Schönheit vor uns öffnete.

In der Ferne begrenzt durch die zerklüfteten Ausläufer der Sierra Nevada breitete sich ein Wiesenteppich aus, der die Fülle an Wildblumen kaum fassen konnte. Rote, gelbe, violette, die gesamte Palette eines Malers, künstlerisch gestaltet von Glockenblumen und Tausendschön, Daisies und Harlequin-Lupinen, Baby-Blue-Eyes und Chinese Pagodas.

„Was für ein romantisches Fleckchen Erde!" Ich war überwältigt.

„Hier wird es dir gut gehen, Kathrin", sagte Harry.

Mein Bruder sollte mich nach meiner langen Krankheit bis zur Ranch begleiten und dann nach Hause zurückkehren. Ich dagegen würde den gesamten Frühling dort verbringen.

Nachdem unser Auto über ein cattle guard gerattert war, ein Gitter, das Vieh davon abhält, eine Farm zu verlassen, erblickte ich von weitem ein massives Blockhaus und meine Gasteltern, Marc und Maggie Parson.

Als wir näher kamen, schlenderten sie uns gemächlich entgegen.

„Welcome to the Ranch!"

Ihre Umarmung war so herzlich, als hätten sie uns seit Ewigkeiten gekannt. Tatsächlich trafen wir uns zum ersten Mal.

Als ich auf Anraten des Arztes eine Auszeit möglichst weit entfernt von meiner gewohnten Umgebung nehmen sollte, schien meinen Eltern die 2P-Ranch der ideale Ort dafür zu sein.

Es war offensichtlich, dass mich dort ein ganz anderes Leben erwartete als im heimischen Berlin.

Marc und Maggie bewirtschaften ausgedehntes Farmland. Sie waren weitgehend Selbstversorger, denn Obst und Gemüse wuchsen reichlich. Fleisch und Fisch gab es aus eigener Zucht. Ihre freilaufenden Rinder strotzten vor Gesundheit. Die zahlreichen Teiche auf der Ranch waren ein Eldorado für Barsche, Karpfen und Forellen. Honigbienen tanzten inmitten eines Nektar spendenden Blütenmeeres.

Die unbekümmerte Lässigkeit meiner Gasteltern half mir, mich schnell einzuleben. Eile schien unbekannt zu sein.

Harry war nach Hause zurückgekehrt. Ich hatte meine Designer Kleidung gegen heavy-duty Nieten-Levis und Cowboy-Boots eingetauscht und half meinen Gasteltern so gut ich konnte.

Die Arbeit an der frischen Luft, die Pflege der Rinder, Pferde und der drei Hunde Winnie, Lucky und Georgie, das Reparieren und Erneuern von Zäunen und das Bewässern des Gartens, obgleich ungewohnt und anstrengend, taten mir gut.

Selbst, wenn ich mich ausruhte und im Schatten der kalifornischen Eichen, die den Charakter der hügeligen Weidelandschaft in den Ausläufern der Sierra stark mitprägen, meinen Gedanken nachhing, war mein altes Leben bald sehr fern.

Auf der Ranch zählten andere Dinge als in der Stadt. Ich war erstaunt, wie schnell ich mich daran gewöhnte, dass Wasser ein kostbares Gut war, mit dem ich nicht verschwenderisch umgehen durfte und dass unser Tee allein durch die Energie der Sonnenstrahlen zu köstlichem Sun Tea bereitet wurde.

Mein neues Leben fand in Symbiose mit der Natur statt. Den Lebensraum hatte ich mir zu teilen mit Grauhörnchen, Waschbären, Luchsen, Ochsenfröschen und einer grenzenlosen Fülle an Wildblumen.

Oft stromerte ich mit meinem Sketchblock durch die Wiesen und versuchte zeichnerisch die überbordende Blütenpracht festzuhalten.

Abends, wenn Coyoten unter tausend funkelnden Sternen mir das Abendlied heulten, sank ich in erholsamen Schlaf. Ich spürte, wie ich langsam gesundete.

Der Sommer kündigte sich an. Zeit meiner Abreise.

Am letzten Abend saß ich mit Marc und Maggie am Ufer des Chowchillas, der die Ranch durchquert.

Wir hörten sein schmeichelndes Säuseln und Plätschern, atmeten den frischen Duft des fließenden Wassers, lauschten, wie es heran tanzte und vorüber hüpfte. Wir fühlten unsere eigene tiefe Verbundenheit mit der Natur in der Unendlichkeit der Zeit.

Marc und Maggie hatten angeboten, mich zum Flughafen zu fahren. Bevor ich in den Wagen stieg, blickte ich noch einmal zurück.

Wildblumen lachten, Schmetterlinge tanzten, ein Kolibri schwirrte von Blüte zu Blüte - die sinnliche Wahrnehmung dieses Augenblicks inmitten der großartigen Landschaft mit ihrer schöpferischen Vielfalt an Pflanzen und Tieren brannte eine unauslöschliche Spur von paradiesischem Glück in mein Gedächtnis.

Gabriele Nakhosteen

Ein Bayerwaldgedicht

Darf verweilen ich an weitem Orte,
der - der ursprüngliche Bayerwald,
möcht' so vieles fassen ich in Worte,
zu verleih'n den Eindrücken Gestalt.

's sei mir nicht allein das Werk verlesen,
das die großen Dichter früh'rer Zeit,
die so gern in ihm zu Gast gewesen,
einst geweiht des Walds Erhabenheit,

inspiriert vom Grünen seiner Buchen
in behend durchwallter Frühlingsluft,
wenn belebend Herz und Geist versuchen
alle Musen, Vogelsang und Duft,

aufgewühlt vom Rauschen seiner Fichten,
wo in wild umwob'nem Sommerwind
Worte wie bewegende Geschichten
zugeflogen oft so kühn und lind,

übermannt vom Anblick seiner Eichen,
die in lichtdurchtränktem Herbstgewand
dichterischen Manifesten gleichen,
die entströmt der hehren Künstlerhand,

angerührt vom Flüstern seiner Föhren,
das durch winterliche Stille steigt,
um die Sinne wärmend zu betören,
wo Natur so eisig klar umschweigt.

Welch Gedeihen, Wirken und Beseelen
reicht der Wald zu jeder Zeit im Jahr!
Dennoch mir die rechten Worte fehlen
als dem Dichter, der sein Gast nur war.

Glücklicher wohl der, der zu kreieren
kein solch Loblied ihm mit Vers und Reim,
darf am tiefsten seine Kraft doch spüren,
wer im Bayerischen Wald daheim!

Wolfgang Rödig

Der Wald vor meinem Fenster

Alle halten uns für verrückt. Alle.

„WOHIN wollt ihr ziehen?"

„Wo ist das denn?"

„Hä? Wieso macht ihr das?"

Natürlich kennt niemand diesen winzigen Ort an der niederländischen Grenze, besonders nicht in der schönsten Stadt Deutschlands. Oder ist es die Schönste der Welt?

Die Münchner würden das sofort bejahen, egal ob dort geboren oder zugereist.

Ich bin mir da nicht so sicher. Wir ziehen also aus München nach Rothenbach, einem kleinen Dorf im hintersten Zipfel von Nordrhein-Westfalen. Wobei Dorf noch übertrieben war.

In Rothenbach stehen 76 Häuser, die Einwohnerzahl kann ich gar nicht genau sagen. Schätzungsweise um die 200. Des Weiteren gibt es in Rothenbach noch einen Spielplatz und einen Briefkasten. Sonst nichts. Aber es ist mein persönliches Paradies. Und das liegt an dem, worin unser kleines Örtchen eingeschlossen ist.

Von jedem Fenster unseres neuen Zuhauses kann ich ihn sehen. Manchmal vergesse ich, was ich gerade mache und starre ihn einfach nur an. Den Wald. Den Wald vor unseren Fenstern.

Riesige Bäume, die sich mehr oder weniger sanft im Wind wiegen. Und hier gibt es sehr viel Wind. Immer. Ich liebe diesen Wald. Ursprünglich, finster, dicht.

Wenn ich nach Hause komme, spüre ich immer dieses Kribbeln, sobald ich meine Bäume sehe.

Natürlich gibt es auch in München Wälder, sogar sehr schöne. Im Westen Münchens, in Pasing, wo wir jahrelang gelebt hatten, gibt es einen bezaubernden Stadtpark, durchzogen von einem Fluss.

Sehr schön, so schön, dass sich dort täglich tausende Menschen tummeln. Mütter mit Kindern, die im Fluss spielen, während die Mamas in ihre Smartphones tippen. Jogger, knutschende Pärchen, Rentner, die ihre Dackel Gassi führen - eine bevorzugte Hunderasse für Münchner älteren Kalibers. Und Radfahrer, unglaublich viele Radfahrer, die wohl alle nerven.

Die Hunde, die Mamas, die Pärchen, alle müssen den Radfahrern ständig ausweichen. Und auch, wenn man versucht, so schnell wie möglich zur Seite zu springen, rufen einem die Radfahrer dennoch etwas Barsches hinterher. Die Radfahrer in München haben es immer sehr eilig.

Hier im Rothenbacher Wald ist man ganz alleine. Hin und wieder trifft man auf Wanderer oder auch auf den einen oder anderen Nachbarn, das ist aber sehr selten.

Manchmal, wenn man Glück hat, sieht man ein Reh durch das Gebüsch hüpfen. Oder auch Hasen, es gibt sehr viele Hasen in meinem Paradies. Auch Wildschweine wohnen hier. Es heißt sogar, dass es hier in der Wildnis noch Schlangen gibt. Hin und wieder untersuche ich den Boden und hoffe, auf eine zu treffen.

In meinem Wald kann ich aufatmen. Die Luft riecht meist feucht und erdig. Die Bäume knistern, Blätter rascheln und lassen einen neugierig aufblicken.

Es sind Kiefern, die Bäume in meinem Paradies. Riesige, schiefe, aber kerngesunde Kiefern. Wenn man von weitem (zum Beispiel vom Spielplatz aus) auf den Wald schaut, sieht er richtig bedrohlich aus.

Die hohen, finsteren Nadelbäume stehen dicht beieinander, beinahe wie eine Wand, durch die es kein Durchdringen gibt.

Der Wald sieht so unheimlich aus, dass mein sechsjähriger Neffe Tom, der zu Besuch kam, gleich meinte: „Da gehen wir aber nicht hin, oder? Ist mir zu gruselig."

Sobald man aber eintritt in meinen Wald, ist von Bedrohung keine Spur mehr. Friedvoll umgeben einen die Bäume, als wollten sie einen willkommen heißen. Plötzlich sind sie nicht mehr finster und bedrohlich, das Dunkelgrün der Kiefern nicht mehr ganz so dunkel.

Es ist hell und freundlich und warme Geborgenheit empfängt einen. Ich spüre, wie der Stress von mir abfällt, jedes Mal, wenn ich mein Paradies betrete. Das Genörgel von meinem Chef, die unbeantworteten

Anrufe auf meinem Handy, die ungesaugten Böden in unserem Haus, die Kücheninsel, die als Ablageort für alles herhalten muss, Post, Schlüssel, dreckiges Geschirr, Bücher. Alles fällt von mir ab, ich atme tief durch und fühle mich zu Hause. In meinem Paradies.

Claudia Poschgan

Eden

In deinem Blick sonnwärts
spiegeln sich gläserne Orangen
mein Kind
ein Käfer paddelt im Bienenhonig
fröhlich summend
wo schwimmt sich's süßer?
Dein kleiner Finger
taucht tief
zieht an goldenen Fäden
den alten Brummer
zu neuen Ufern
auf in den Milchzahndschungel!

Edda Petri

Freiheit?

Mein Garten, er ist riesengroß,
viel Blumen, noch mehr Bäume.
Das ist mein ganzer Reichtum.
Die Sehnsucht meiner Träume?

Kenn' jeden Vogel schon persönlich,
sie kommen gern zu mir.
Warum? Ich teil' mein Essen,
weil, ich bin immer hier.

Am schönsten ist der Frühling,
wenn mich die Sonne weckt.
Dann blinzle ich ein wenig,
bis ich den Frühstückstisch gedeckt.

Der Sommer - ja, auch der ist fein!
Schlendre gemütlich Richtung Bach,
wasch mir die Füß' mit kaltem Wasser,
wenn's mir zu heiß, such ich ein Dach.

Am Vormittag ist's meist ganz ruhig,
ich hör beinah' das Grase wachsen.
Ab Mittag geht's dann richtig rund,
verhalt mich still, leg hoch die Haxen.

Der Trubel, der macht mir nichts aus.
Ein bisschen Leben g'hört hierher,
sonst wär's mir fast ein wenig fad.
Nur manchmal fällt's mir schwer,

zu sehen, wenn die andern lachen
und was sie alles von sich schmeißen.
Das hol ich mir, wenn niemand schaut,
so habe ich genug zu Beißen.

Ich nehme mir was übrigbleibt,
und nenn' es - mein Buffet.
Für euch wahrscheinlich nicht perfekt,
nichts Richtiges für den Gourmet.

Das pack ich in den Kühlschrank rein,
vom Supermarkt ein Sackerl.
Das Zweite mit Bekleidung voll,
ist schon ein richt'ges Packerl.

Das ist der Rest von mein' Besitz.
Mein Goldstück ist die rote Decke,
die mir der Parkwächter geschenkt,
damit ich nicht, wenn's kalt, verrecke.

Bin müde, lege mich ins Bett,
ergreif' mein rotes Heiligtum.
Sag' danke für den heut'gen Tag,
nehm' einen festen Schluck vom Rum.

Bin froh, dass es nun wärmer ist,
so schrecklich sind die kalten Nächt'.
Für die Gesundheit grauenhaft,
bleibt's warm, ist mir das mehr als recht.

Andreas V. Engel

Schicksalsironie

Sobald ich nach Hause gekommen war, hatte ich mich in meinem Piano-Zimmer verschanzt.

Seit Stunden spielte ich, Joris Behrend, der allseits beliebte Konzertpianist mit den dunkelblonden Haaren, virtuos die Bachkantaten rauf und runter.

Doch etwas war anders als früher. Mein stetes Lächeln war aus meinen Gesichtszügen verschwunden und mein Musizieren hörte sich ganz und gar nicht so an, als wollte ich nur meine Fingerfertigkeit trainieren. Im Gegenteil. Ich haute unermüdlich und mit einer derartigen Besessenheit in die Tasten meines schwarzen, hochglänzenden Steinway-Flügels, als ließe ich meinen ganzen Frust an ihnen aus.

So ging es mir seit Wochen. Genauer gesagt, seit dem Abend, an dem ich meine Carla mit einer anderen hintergangen hatte.

Es war zwar nur ein One-Night-Stand, nach einem Konzert mit einer Cellistin, die mir im Grunde genommen gar nichts bedeutete; aber diese Cellistin hatte mich so heftig beflirtet, dass ich sie, wie in Trance, spontan zu einem Glas Wein einladen musste. Jedenfalls glaubte ich damals, das tun zu müssen.

Dass ich später in ihrem Bett gelandet war, hatte ich absolut nicht geplant gehabt. Ich wusste selber nicht, warum ich so töricht war, mich zu diesem einen Ausrutscher hinreißen zu lassen.

Meine Carla war doch um einiges hübscher, als diese brünette, etwas rundliche Cellistin aus dem Orchester.

Carla war ausgesprochen attraktiv mit ihrer langen blonden Wuschelmähne, die sie manchmal zu einem Pferdeschwanz zusammengerafft trug. Ihre himmelblauen Augen und die vollen Lippen verliehen ihrem ovalen Gesicht etwas Puppenhaftes. Carla hatte außerdem eine perfekte Figur. Und Carla war die Frau, die mir alles gab, was ich mir von einer Frau nur wünschen konnte.

Mein Leben mit ihr war für mich das reinste Paradies auf Erden. Trotzdem, oder gerade deshalb fiel es mir unsagbar schwer, Carla in die Augen zu blicken, geschweige denn, mit ihr zu reden. Ich wusste nur eins, mein Fehltritt tat mir unendlich leid.

Wieder und wieder drängte Carla mich dazu, endlich mit ihr zu reden.

Nachts weinte Carla manchmal leise vor sich hin, wenn sie dachte, dass ich tief und fest schlief. Aber ich hörte ihr leises Wimmern und fragte mich jedes Mal, ob Carla etwas von meinem Seitensprung ahnte, oder vielleicht sogar etwas wusste.

Ich hatte panische Angst davor, dass sie mich wegen dieses einen Fauxpas für immer aus unserem gemeinsamen Paradies vertreiben könnte.

Carla ging es nicht gut, das spürte ich deutlich, dennoch ignorierte ich ihr Drängen nach einer Aussprache, indem ich immer wieder vorgab, absolut ungestört für ein wichtiges Konzert üben zu müssen.

Eines Tages platzte Carla der Kragen. Sie konnte und wollte meine Ignoranz ihr gegenüber nicht länger ertragen. Mein großes Schweigen musste endlich gebrochen werden, ein für allemal, koste es, was es wolle.

Früher redeten wir doch über alles miteinander, auch dann, wenn ein wichtiges Konzert bevorstand. Warum verhielt ich mich ihr gegenüber neuerdings nur so dickfellig? Carla konnte das nicht verstehen. Wie sollte sie auch. Ich verstand mich ja selbst kaum.

Wild entschlossen donnerte sie mit beiden Fäusten gegen die verschlossene Tür des Piano-Zimmers, nachdem ein vernünftiges Anklopfen nichts genützt hatte.

„Mach endlich auf!", krakeelte sie. Aber je lauter Carla hämmerte und schrie, umso heftiger haute ich in die Tasten.

„Ich will nicht vereinsamt sterben!", brüllte Carla plötzlich.

Keine Reaktion von mir. Verzweifelt lehnte Carla mit dem Rücken am Türpfosten. Langsam ließ sie sich daran heruntergleiten, bis ihr Po den Fußboden berührte. Mit angewinkelten Knien kauerte Carla vor der Tür des Piano-Zimmers. Ihren Kopf hatte sie schluchzend auf ihre Arme gelegt, die verschränkt auf ihren Knien ruhten.

Plötzlich wurde ich ganz still im Piano-Zimmer. Nur ein leises Klicken war zu hören. Ich hatte vorsichtig die Tür entriegel und geöffnet.

Stumm beugte ich mich zu Carla herunter, zog sie behutsam hoch und schloss sie fest in meine starken Arme.

Jetzt ist es an der Zeit, der Wahrheit ins Auge zu blicken, dachte ich. *Nur welcher Wahrheit? Wieso spricht Carla plötzlich davon, vereinsamt zu sterben? Ahnt sie doch nichts von meinem Seitensprung? Oder weiß sie es bereits? Hat diese dumme Gans von Cellistin vielleicht Kontakt mit Carla aufgenommen?*, führte ich die Gedanken meines schlechten Gewissens fort.

„Joris, ich werde sterben", schluchzte Carla.

„Na, klar wirst du sterben", erwiderte ich mit gespielter Belustigung, „irgendwann werden wir alle sterben."

„Ja, aber ich werde schon bald sterben." Carla rang nach Luft.

„Woher willst du wissen, wann du stirbst?", fragte ich irritiert.

„Ich weiß es, weil ich einen bösartigen Tumor in der Brust habe, der den Krebs schon viel zu weit in meinen Körper getrieben hat."

Ich schluckte. Ungläubig starrte ich Carla an.

„Eine Operation ist sinnlos", fuhr Carla weinend fort, „ebenso eine Bestrahlung, oder eine Chemotherapie." Carla wischte ihre Tränen mit beiden Händen aus dem Gesicht und versuchte sich zu beruhigen.

„Ich will nicht einsam sterben, Joris, kannst du das verstehen?"

„Natürlich versteh' ich das", antwortete ich nach einer kurzen Pause, so ruhig wie möglich. „Vielleicht habe ich meine Konzertproben viel zu wichtig genommen. Das tut mir schrecklich leid, Carla."

Immer noch wiegte ich Carla in meinen Armen. Ihr Kopf ruhte sanft auf meiner Schulter. Innerlich war ich alles andere, als gelassen. Mein Herz schlug wild, wie ein Pferdefuß. Bis in den Hals hinauf konnte ich

meinen Pulsschlag spüren. Mir war, als hätte ich in eine Steckdose gefasst, so aufgewühlt und tief getroffen war ich von Carlas schwerem
Schicksalsschlag, der zugleich Ironie des Schicksals schlechthin war.

Meinen Seitensprung mochte ich ihr nicht gestehen, aus Angst Carla
zu verlieren. Nun sollte ich meine, über alles geliebte Carla an den gott-
verdammten Krebs abtreten. Das musste ich erst einmal verdauen. Ich
kam mir gemein und schäbig vor, weil ich meine Carla, mein Paradies
auf Erden, wegen meines schlechten Gewissens über so viele Wochen
hinweg völlig ignoriert hatte.

Von nun an nahm ich mir Zeit, sehr viel Zeit, die ich mit Carla gemeinsam verbrachte, bis der Augenblick des endgültigen Abschieds
gekommen war. Jedoch hatte ich es niemals übers Herz gebracht, Carlas Paradies zu zerstören, indem ich ihr meinen One-Night-Stand
beichtete.

Petra Pohlmann

Heimat

Der Weg, der deine Schritte kennt,
das Licht, das hinter Fenstern brennt
und dir die Richtung weist.
Die Menschen, die dich froh erwarten,
der kleine, einst so große, Garten,
der dich willkommen heißt ...

Um knorrig alte Kletterbäume,
den Hütern deiner Kinderträume,
weht lau der Wind, der dir erzählt,
was einst dein Kinderherz gequält.

Doch viel mehr noch von frohem Lachen,
von „Fang mich doch!" und bunten Drachen,
vom Schneemann, den du stolz gebaut.
„Zu Hause!" klingt so lieb vertraut ...

Warst du auch lange nicht mehr hier,
du weißt man öffnet dir die Tür
und nimmt dich in den Arm.
Verlässt du morgen diesen Ort,
bleibt Heimat dir kein leeres Wort,
nur sie hat diesen Charme ...

Anita Menger

Zwei Liegestühle

Zwei Liegestühle stehen im Garten der Familie Boisenberg. Die beiden Stühle stehen dicht aneinander gedrängt, sodass die Armlehnen sich berühren und sich Halt geben.

Glitzernde Sonnenstrahlen malen goldene Bahnen, die zur Erde gleiten. Auf ihnen tanzen kleine, vorwitzige Blätter wie verspielte Feen. Sie drehen und wenden sich in dem wärmenden Licht.

Verzaubert in warmen, orangen Tönen, neigen sie sich, um sich auf dem gepflegten Rasen nieder zu lassen. Man spürt Geborgenheit und Zweisamkeit in dem kleinen, irdischen Paradies der Familie.

Das war nicht immer so. Eine dunkle Zeit liegt hinter den Boisenbergs. Da für sie im letzten Hochsommer die heile Welt zusammenbrach.

Ihre Liegestühle standen eng aneinander gelehnt, Armlehne an Armlehne.

Es war die Haustürklingel, die Frau Boisenberg aus ihren Träumen riss.

Es schellte viele Male kurz hintereinander - Frau Berger, die Nachbarin.

„Setz dich zu mir. Mein Mann ist kurz in die Werkstatt gefahren. Ich glaube er will unser Stuhlpaar neu streichen. Ich vermute, es soll eine Überraschung zu meinem Geburtstag sein - komisch, das ist zwei Stunden her!"

Draußen am Auto fanden sie ihn. Sein Körper lag verdreht. Er war nicht ansprechbar. Keine Reaktion. Frau Boisenberg erlebte alles wie durch einen Nebelschleier.

Als der Notarzt und der Rettungswagen eintrafen, warf Herr Boisenberg seiner Frau einen kurzen, leeren Blick zu und reichte ihr die Hand. Ihr schien es, wie ein Zeichen des Abschieds.

Später saß sie am Intensivbett. Stunde um Stunde.

Von den Apparaten kam ein Surren, ein Piepen und Schnorcheln. Ihr Mann war total verkabelt. Elektroden, die von Körper und Brust zum EKG-Gerät liefen, das Herzfrequenz, Puls und Blutdruck aufzeichnete.

Die Beatmungsmaschine drückte Luft und Sauerstoff durch den Tubus in seine Lunge. Ein Urinbeutel hing am unteren Ende des Bettes. Infusionsschläuche und Magensonde waren mit den Infusionsflaschen- und Ernährungsbeuteln verbunden. Herr Boisenberg hielt die Augen geschlossen.

Sie saß dort. Hielt seine Hand. Streichelte ihn. Sprach mit ihm. Doch hörte er sie? Er reagierte nicht. Nahm er sie wahr?

Tage, Nächte und Wochen vergingen, bis schließlich der 20. August kam, sein Geburtstag.

Er öffnete die Augen, griff nach ihrer Hand. Versuchte zu lächeln. Kurz. Es war das schönste Geschenk, was er ihr bereiten konnte.

Dann war wieder alles beim Alten. Die Zeit des Bangens, der Hoffnung lief unaufhaltsam weiter.

Sie floh. Wollte raus. Raus aus diesem Einerlei. Raus aus dieser sterilen Atmosphäre. Raus aus diesem Surren, Piepen und Schnorcheln.

Die verschiedenen Abteilungen reihten sich aneinander.

Intensivstation - Neurologie - Reha.

Sie war immer vor Ort. Ließ sich einführen und anlernen.

Endlich der Tag der Entlassung. Der Tag, auf den sie sehnlichst gewartet hatte. Der Tag, an dem das Leben nochmals von neuem beginnen sollte. Aber auch der Tag, an dem das Lernen erst richtig anfing.

Sie blickte auf, versuchte ihre Gedanken zu ordnen, zu sortieren. Die Tasse Kaffee, die vor ihr stand war kalt geworden. Ihre zittrigen Hände hielten verzweifelt die Zigarette. Leise fing sie an zu sprechen.

„Jetzt, bist du zu Hause. Wir haben alles überstanden. Wenngleich du nicht mehr der Alte bist. Dein Körper, dein Gesicht, deine Gestalt sind da. Du bist ein Fremder. Ein Pflegefall. Mit 63 Jahren. Das Schicksal hat hart zugeschlagen. Du lebst und ich lebe durch dich. Lerne, mich durchzusetzen, zu kämpfen. Lerne, die schönen Dinge neu zu sehen. Wie unser schönes Sommerdomizil, auf unserem gepflegten Rasen, wo wir jeden Sommer die schönen Tage verbracht haben. Ich lerne, in einer anderen Freiheit zu leben, trotzdem ich eingebunden bin durch dich. Durch deine Pflege. Lerne, bewusster zu sehen, zu spüren, offen zu werden, für alles was mich umgibt. Heute sitzen wir in unserem Stuhlpaar. Unverändert, ohne Anstrich. Obwohl im Leben vieles vergänglich ist, bleibt es unser kleines, irdisches Paradies."

Hannelore Ewerlin

Mein Traum vom Süden

Das kleine spanische Dorf.
Ruhe, nein, mehr als das,
die Seele baumeln lassen.

Schmale Wege in Richtung Meer.
Eine Überraschung haben sie bereit.
Fischerboote liegen auf dem Sand.

Das Rauschen der Wellen,
steigendes Wasser plätschert leise.
Blicke wandern in Richtung Bucht.

Tatsächlich, eine Cafeteria lädt ein.
Der Genuß von Frappé,
von rhythmischen Tangoklängen begleitet.

Mein Lieblingsgedichtband in der Hand.
Es kann kaum noch schöner werden!
Ein echt erfüllter Nachmittag.

Uschi Hörtig-Votteler

Stella und Martin

teilen sich einen Apfel

Stellas Großmutter brachte ein sorgfältig eingepacktes Geschenk mit.

„Herzlichen Glückwunsch zu deinem achtzehnten Geburtstag", sagte sie, „ich bin gespannt, was du dazu sagst."

Stella sagte erst einmal gar nichts. Sie war überrascht und ein wenig enttäuscht, wollte ihre Großmutter aber nicht verletzen.

„Sie ist alt, älter als ich", sagte die Großmutter, die sehen konnte, dass Stella mit dem Geschenk nichts anfangen konnte. „Sie ist etwas ganz Besonderes, die Marionette. Sie ist von meinem Vater."

Die Marionette war ein Junge, der eine Schiebermütze auf dem Kopf trug und lustig, aber auch ein klein wenig frech, in die Welt blickte.

„Hat dein Vater sie dir geschenkt?", fragte Stella.

„Nein, er starb, bevor ich geboren wurde. Nur zwei Erinnerungsstücke hinterließ er meiner Mutter: die Marionette und ein Bild, das die beiden Verliebten zeigte und kurz vor seinem Tod aufgenommen worden war. Jan, mein Vater, war 1936 aus Prag nach Spanien gereist, um im Spanischen Bürgerkrieg die Republik gegen die Faschisten zu verteidigen. In Barcelona traf er Maria, und die beiden verliebten sich ineinander. Jetzt weißt du auch, warum ich Janina heiße", fügte Stellas Großmutter noch hinzu. „Ein Name, den es in Spanien eigentlich nicht gibt."

Es dauerte nicht lange und Stella schloss die Marionette in ihr Herz. Sie nannte sie „Pepe".

Stella und Pepe wurden unzertrennlich. Stella nahm Pepe sogar mit in die Schule, wo er ihre Mitschüler in den Pausen unterhielt. Manchmal konnte Pepe in den Stunden seinen Mund nicht halten und kommentierte das, was die Lehrer gesagt hatten.

Nach dem Abitur begann Stella zu studieren. Das Geld für ihr Studium verdiente sie sich damit, dass sie mit Pepe in Parks und auf öffentlichen

Plätzen auftrat. Die Kinder liebten Pepe und gaben keine Ruhe, bis ihre Eltern Stella ein paar Münzen für Pepes Auftritt gaben.

Aber irgendetwas fehlte. Die Geschichte, die die Großmutter ihr erzählt hatte, ließ Stella keine Ruhe. Ihr Urgroßvater war aus der Tschechoslowakei gekommen, hatte ihre Oma gesagt. Sie musste einfach nach Prag, das wusste Stella jetzt.

Sie verließ deswegen ihre Heimatstadt Barcelona und machte sich auf den Weg nach Prag. Das Geld für die Reise verdiente sie sich unterwegs mit Auftritten in kleinen und großen Städten.

In Prag fand sie eine billige Unterkunft. Sie setzte sich in ihrem Zimmer auf das schmale Bett und überlegte, was sie jetzt machen sollte.

Warum war sie eigentlich in diese Stadt gekommen?

Schließlich ging Stella mit Pepe spazieren. Auf der Karlsbrücke wimmelte es von Menschen. Den beiden gefiel es dort, und die Menschen waren freundlich und gaben ihnen Geld. Auch am zweiten Tag gingen Stella und Pepe auf die Karlsbrücke.

Am dritten Tag kam ein junger Mann vorbei. Er blieb stehen und sah ihr und Pepe lange zu. Schließlich holte er aus seinem Rucksack eine Marionette heraus und ließ diese sich in Richtung Stella und Pepe bewegen.

„Hallo, ich heiße Anja", sagte die Puppe und winkte Pepe zu.

„Hallo Anja", sagte Pepe und winkte zurück.

Pepe und Anja mochten sich von Anfang an, das versicherten sich Martin, so hieß der junge Mann, und Stella mehrmals, bevor sie sich verabschiedeten und für den nächsten Tag verabredeten.

Martin arbeitete in einem Marionettentheater. Er war für die Kulissen zuständig und konnte die Marionetten auch reparieren, wenn sie kaputt waren. Er hatte vor einiger Zeit angefangen, selbst Marionetten zu schnitzen. Anja war die erste Marionette, die er angefertigt hatte.

Eines Abends, als sich Stella und Pepe eine Vorstellung im Marionettentheater angeschaut hatten, zeigten Martin und Anja ihnen danach die Kulissen. Sie blieben so lange im Theater, dass es verschlossen war, als sie nach Hause gehen wollten. Martin hatte keinen Schlüssel dabei, und die Tür ließ sich von innen nicht öffnen. Sie mussten im Theater bleiben und dort übernachten.

„Hast du Hunger?", fragte Martin. „Ich habe leider nicht viel da. Irgendwo muss noch ein Apfel liegen. In meiner Werkstatt. Mehr habe ich nicht."

Um es in der Werkstatt ein bisschen gemütlicher zu machen, zündete Martin ein paar Kerzen an. Dann teilten die beiden sich den Apfel. Vor dem Schlafengehen wollten Anja und Pepe unbedingt noch spazieren gehen.

Es sah lustig aus, wie die beiden Marionetten Hand in Hand umhergingen. Das Kerzenlicht warf riesige Schatten an die Wand.

Anja gähnte.

„Es ist schon spät", sagte sie. „Wollen wir schlafen gehen?"

„Ist in Ordnung", sagte Pepe. „Bekomme ich einen Gutenachtkuss?"

Pepe und Anja küssten sich. Lange.

Die beiden Marionetten bekamen einen Schlafplatz an zwei Haken, die über der Werkbank hingen. Stella und Martin drehten die Köpfe ihrer Marionetten so, dass sie sich anschauen konnten.

Danach sahen sich die beiden an. Fast gleichzeitig begannen sie zu lachen.

„Pepe und Anja trauen sich mehr als wir", sagte Martin.

„Wir trauen uns doch auch", sagte Stella, zog Martin an sich und küsste ihn.

Martin erwiderte ihren Kuss, und die beiden fingen an, sich gegenseitig auszuziehen.

Schon vorher hatten sie ein paar Decken gefunden, auf die sie sich jetzt legten.

Plötzlich begann Stella wieder zu lachen.

„Glaubst du, dass Pepe und Anja uns zuschauen?", fragte sie.

Martin küsste sie.

„Das glaube ich nicht", sagte er. „Die sind miteinander beschäftigt. Wie wir auch."

Als Stella und Martin am nächsten Morgen erwachten, umarmten sie sich und küssten sich lange.

Schließlich stand Martin auf und holte die beiden Marionetten vom Haken. Er reichte Pepe Stella und nahm selbst Anja.

Anja verbeugte sich vor Pepe.

„Was hältst du davon, wenn wir immer zusammen bleiben? Ich möchte dir den Himmel auf die Erde holen. Jeden Tag. Und vielleicht noch ein bisschen mehr."

Hätte Martin das zu Stella gesagt, hätte dies vielleicht kitschig oder lächerlich geklungen. In Anjas Mund jedoch klang es verlockend und ernst zugleich. So, als ob ewige Liebe möglich wäre.

Etwas Besonderes musste sich in dieser Nacht ereignet haben.

Als Stella und Martin am Vormittag wieder auf der Karlsbrücke standen, war es, als ob sich ein geheimnisvoller Zauber auf die Puppen gelegt hätte.

Allen Menschen, ob klein oder groß, wurde es plötzlich ganz warm ums Herz, wenn sie Anja und Pepe bei ihrem Auftritt zuschauten.

Diese Wärme blieb nach der Vorstellung noch eine Weile in den Menschen und wurde an andere weitergegeben.

Stella und Martin sorgten dafür, dass ihre Liebe zueinander nicht nachließ. Diese Liebe wirkte in Pepe und Anja fort. Und damit holten sie dort, wo sie auftraten, in der Tat den Himmel auf die Erde und schufen um sich herum kleine Inseln des Glücks und der Harmonie.

Michael Longerich

Elysium

Wandelnd durch Arkaden und feierlich
trunken, von der Liebe im Nektar versunken,
erwacht in Mysterien, das Paradies gefunden

durch Zyklopen-Tore und Metamorphosen
gehören uns die Täler des Entzückens
und endlich Ekstasen am Olymp erklommen

wir Liebende vereint und mit Göttergnade
in elysischen Gefilden auferstanden
erklingt uns der Gesang all der Hohelieder

Martina Onyegbula

Ein Mann sieht rot

Ich hatte die schönste Frau der Welt, zwei ebenso hübsche Kinder, ein Haus im Grünen und verdiente genug für alle. So fühlte sich für mich Glück an. Oftmals sagte ich: „So stelle ich mir das Paradies vor!"

Und dann, ganz plötzlich, wie aus dem Nichts, die Pleite meines Arbeitgebers.

Das Arbeitslosengeld reichte nicht hinten und nicht vorne. Meine Frau war auch nicht bereit, auf irgendetwas zu verzichten. Sie war sich so sicher, es würde kein Monat vergehen, dann würde ich wieder arbeiten.

Mittlerweile waren jedoch fünf Monate vergangen. Mein Paradies bekam gewaltige Risse. Unsere Schulden wuchsen in einem atemberaubenden Tempo. Die roten Zahlen auf dem Konto lösten bei mir Panik aus. Alles Rote war mir auf einmal ein Dorn im Auge. Ich fing an die Farbe Rot geradezu zu hassen, obwohl sie, solange ich denken konnte, meine Lieblingsfarbe war.

Meinen Kummer ertränkte ich immer öfter im Alkohol. Anfangs heimlich, doch es dauerte nicht lange, da trank ich bereits nach dem Frühstück. Nur Hartes schüttete ich in mich hinein. Die Zeit danach erlebte ich als Wohltat. Wenigstens ein paar Stunden ohne Sorgen.

Meistens dachte ich noch: ‚Ihr könnt mich alle mal am Arsch lecken!'

Der große Katzenjammer danach, ließ nie lange auf sich warten. Zuerst fluchte ich, dann schlug es stets in weinen um und zum Schluss schwor ich, mit dem Trinken aufzuhören.

‚Reden, ihr müsst über alles reden', dies waren die klugen Ratschläge der Freunde.

Freunde, dass ich nicht lache, es waren gar keine richtigen Freunde. Bat man sie um Hilfe, hatten sie keine Zeit. Einige meinten sogar: „Regel du erst einmal dein Leben, dann kannst du dich wieder bei uns melden."

Mit meiner Frau reden, das war nicht möglich. Wir stritten um die banalsten Kleinigkeiten. Mal ging es um die Zahnpasta-Tube, die nicht zugeschraubt war, ein anderes Mal um das Klopapier, das verkehrt in der Halterung hing. Auch schmutzige Socken, die nicht im Wäschekorb, sondern neben dem Bett lagen, wurden zum Streitobjekt. Unser Nervenkostüm wurde auf eine harte Probe gestellt.

Die Kinder bekamen natürlich alles mit. Sie weinten bei jeder Kleinigkeit und klammerten sich an ihre Mutter. Jetzt hatte ich auch noch als Vater versagt. Versager auf der ganzen Linie!

Auf dem Arbeitsmarkt: versagt!

Als Ernährer: versagt!

Als Sohn: versagt, und was das Schlimmste war, ich hatte als Vorbild versagt!

Nach solchen Gedanken fühlte ich mich als ein Nichts. Ein Taugenichts! Am liebsten würde ich wegrennen. Und eines Tages rannte ich tatsächlich los.

Ich rannte die Treppe runter, aus dem Haus, den Weg, die Straße entlang, in den Park.

Völlig erschöpft ließ ich mich auf eine Bank fallen. Wie ein gehetztes Tier kam ich mir vor, obwohl mich niemand jagte. Ich war Jäger und Gejagter zugleich.

Erst jetzt bemerkte ich, dass ich nicht allein war. Ein Penner saß neben mir. Stockbesoffen. Er stank nicht nur aus allen Löchern nach Alkohol, seine Klamotten waren total verdreckt. Der Geruch von Urin kroch mir in die Nase. Mir wurde übel.

Ich würgte bereits, als er mir seine Flasche Fusel hinhielt und sagte: „Komm, trink mit mir einen!"

Egal! Mir war auf einmal alles egal. Die Übelkeit verflog. Ich riss ihm die Rotweinflasche aus der Hand und nahm einen gierigen Schluck. Ich wollte nur noch eins, vergessen.

Ich wollte alles Rote vergessen. Die Kirschen, die Erdbeeren und vor allem die Liebe. Liebe, wo war nur unsere Liebe geblieben? Sie hatte sich klammheimlich aus dem Staub gemacht, und wir hatten es zugelassen.

Was dann auf der Bank geschah, ich weiß es nicht mehr. Ich wachte von Hundegebell auf. Wo war ich? Um mich herum alles fremde Menschen.

Allmählich dämmerte es mir. Dieser Penner von der Bank, jetzt lag er neben mir und schlief friedlich wie ein kleines Kind.

Dieser Raum, er sah nicht gerade einladend aus und diese Menschen hatten alle Ähnlichkeit mit meiner nächtlichen Bekanntschaft. Sollte so auch meine Zukunft aussehen? Sollte das hier mein neues Zuhause werden? Ich sprang auf und rannte abermals panikartig los.

Erschöpft setzte ich mich auf die gleiche Bank. Was war nur aus mir geworden? So konnte es nicht weitergehen. Eins war klar, wie der Penner wollte ich nicht enden. Ich wollte zurück in mein Paradies.

Plötzlich machten sich ziemlich unbequeme Fragen breit:
Wo ist nur meine Disziplin geblieben?
Mein Ehrgeiz?
Mein Antrieb?
Meine Neugierde?
Mein Kämpfergeist?
Ich hatte doch mal einen Traum! Übergangslos war die Antwort da. Solange ich einen festen Arbeitsplatz hatte, war es nur ein Traum. Jetzt hatte ich die große Chance diesen Traum zu verwirklichen. Endlich könnte ich mich selbstständig machen. Wahrscheinlich brauchte ich sogar die Arbeitslosigkeit, um schließlich zu handeln. Und dann gab es kein Halten mehr. Bereits auf der Bank fing ich an zu planen.

Irgendwann machte ich mich, wie in Trance, auf den Nachhauseweg, zur schönsten Frau der Welt.

Marion Philipp

Blind

Ich suchte nach dem Paradies,

vor Jahren ich mein Haus verließ.

Ich fuhr in jedes fremde Land,

doch leider ich es nirgends fand.

Oftmals Hunger, Elend, Krieg,

meist es schnell mich weiter trieb.

Nach Jahren kehrte ich dann um,

die Bilder machten mich ganz stumm.

Nun steh' ich hier vor meinem Haus

So! sieht das Paradies wohl aus.

Es war direkt vor meinen Augen,

ich war so blind. Kann's gar nicht glauben.

Yasmin Mai-Schoger

Ein unvergesslicher Aufenthalt

Meine etwas ungewöhnliche Adresse im August: Stachelbeerhügel. Wie das? Ich hatte mich zu einem Austausch gemeldet, hatte das Flugticket erhalten und war für drei Wochen unter obiger Adresse zu erreichen; nein, kein Straßenname, ein ganzer Vorort hieß so.

Am Flughafen wurde ich von einem Ehepaar abgeholt, das ich nicht kannte, nur dessen Namen. Wir fuhren durch Straßen mit Menschengewimmel, mit Hochhäusern, dann über schwach besiedeltes Land, mit Vorgärten, in denen Unkraut wachsen durfte und das sich mit den schönsten Farben dafür bedankte.

Wir bogen von der großen, geteerten Straße nach rechts ab, in einen holprigen, festgefahrenen Hohlweg mit gelblich-braunem Sand, gesäumt von Eukalyptus.

Als Kennzeichen dafür, dass hier ein Haus zu erwarten war, hing am ersten Baum ein angerosteter Gurkeneimer, simpel befestigt mit Draht, der gleichzeitig als Briefkasten diente.

Privatstraße.

Keine Chance für mich, meiner bleiernen Müdigkeit nachzugeben. Das Auto hopste, was Stoßdämpfer und Reifen hergaben.

Langsam, sehr langsam näherten wir uns einem älteren Holzhaus, dunkelbraun gestrichen, am Hang, mit Terrasse auf hölzernen Stelzen.

Wir kamen über den Hintereingang. Einen Vordereingang gab es auch, sogar mit Glasausschnitt. Das hatte ich jetzt gar nicht erwartet.

Tom trug meine Koffer ins Haus. Frances, seine Frau, zeigte mir mein Zimmer, das einen eigenen Wasseranschluss über der Waschkommode hatte. Ein Raum in hellblau. Nebenan war das Badezimmer, modern, mit hellem Holz. Das Wohnzimmer hatte einen Sockel, der dunkel getäfelt war. Dazu gab es noch drei weitere Zimmer, eins für die Tochter, die sich im Moment im Ausland aufhielt.

Sogleich wurde der Plan für den nächsten Tag besprochen, denn Frances und Tom waren voll berufstätig, beide ungefähr 50 Jahre alt, sie Büroangestellte, Tom Dozent für Mathe und Physik. Für mich war damit klar, dass ich mich morgens im Hintergrund halten würde. Und schon morgen war Alltag angesagt. Aber erst mal schlaaafen.

Am nächsten Morgen. Meine Gastgeber waren bereits aus dem Haus, schon zur Arbeit gefahren. ‚Mit dem Auto eine gute halbe Stunde‘, hatte Frances mal erwähnt.

Nach dem Frühstück, der Tisch war bereits für mich gedeckt, ging ich auf Erkundung. Vögel riefen und krächzten. Fremdartige Geräusche.

Ich folgte ihnen über den urigen Weg in den Garten, den Hang abwärts von der Terrasse aus und musste aufpassen, dass ich nicht über Kiesel oder trockene Lehmbrocke stolperte. Da hingen kleine, bunte Bälle an hüfthohen Sträuchern: Clementinen. Viele waren angepickt oder lagen auf dem Boden.

Ich schaute mich nach den Übeltätern um: grüne Papageien und der Lachende Hans.

© Doris Giesler

Wie ich abends erfuhr, blieben die Früchte für die Vögel als Geschenk an den Sträuchern.

Dann wurde der sandige Weg von einer Quelle gekreuzt. Bambus, bunter und schwarzer zu beiden Seiten. Eine Bank lud zum Lauschen und Beobachten ein. Dicke Felsbrocken umsäumten das Idyll. Auch hier muntere Buntgefiederte. Sie kamen zum Treffpunkt und labten sich an dem frischen Wasser. Unfassbar - die Größe - ein Park - ein Traum. Langsam ging ich ins Haus zurück.

Drei ganze Wochen ...

Nach dem Dinner hatten wir drei unsere Füße entspannt auf dem prallen Lederpuck platziert.

Auf dem kleinen runden Beistelltisch standen Gläser mit kühlem Rotwein.

Plötzlich fiel in die Stille ein leises Quietschen ein, hin und her, her und hin. Es war die Katzenklappe, die in die Holztür zur Terrasse eingebaut war. Auf leisen Sohlen kamen zwei getigerte Katzen, um sich ihre hungrigen Bäuchlein zu füllen. Dann gingen sie wieder und legten sich breit auf die Holzterrasse.

Da, wieder dieses Klappgeräusch! Doch es war keine Katze, es war ein Bobtail. Der ging zielstrebig auf den Geruch zu, griff sich ein kleines Stück von dem dunklen Fleisch und verschwand wieder.

Plötzlich flatterte es dunkel vor dem großen Fensterelement: drei Krähen. Sie postierten sich in Reih' und Glied und begannen ein Lied zu krächzen. Der Hausherr ging zum Futternapf, nahm ein paar kleine Bröckchen und warf sie für die gefiederten Bettler auf die Terrasse. Sie schlangen das frische Fleisch gierig hinunter und verschwanden wieder, mit langen, staksigen Sprüngen.

Für die Bewohner dieses Hauses war das nichts Neues. Sie reagierten gelassen und lächelten.

Die drei schwungvollen Schwarzröcke kamen noch mal am nächsten Tag und an dem darauf Folgenden: Straßenmusikanten on tour. Schräge Vögel.

Für mich war es ein Traum - ein Garten Eden.

Doris Giesler

Zwischen zwei Buchdeckeln liegt das Paradies

Mein Irdisches Paradies
ist weder ein Strand
noch ein Wald.

Es ist kein Haus,
kein Garten,
keine Stadt,
kein Feld,
kein Gewässer
oder eine Wüste.

Mein irdisches Paradies
sind Bücher.
Bücher, die mich in Welten entführen.
Bücher, die mich zum Lachen oder zum Weinen bringen.
Bücher, die mich fesseln, ein Leben lang.

Bücher trösten mich, wenn es mir nicht gut geht,
beruhigen mich, wenn ich wütend bin,
holen mich auf den Boden der Tatsachen, wenn ich schwebe.

Für Bücher brauche ich niemanden.
Ich muss keine Angst haben, dass Bücher verschwinden.
Ich muss mich nicht anstrengen, um zu lesen.
Ich muss einfach nur einen Buchdeckel öffnen
und schon bin ich weg.
Ich lese dann mal.

Zita Ellwart

Der Geschmack von Freiheit

Langsam nahm Theresa einen Schluck ihres Milchkaffees. Obwohl für gewöhnlich eine Langschläferin, war sie heute Morgen um sechs Uhr aufgewacht und hatte partout kein Auge mehr zugemacht. Schließlich war sie aufgestanden und hatte sich entschlossen, das Beste draus zu machen, war unter die Dusche gegangen und zum Frühstücken ins Costa Coffee auf der Wilmslow Road gefahren.

Den Osterferien zum Trotz herrschte in dem Café ein reges Treiben. Studierende saßen zusammen und stimmten sich mit Chai Latte auf einen weiteren Tag in der Bibliothek ein, Dozenten eilten mit ihrem täglichen Kaffee in den dunkelroten Pappbechern durch die Tür.

Seit sechs Monaten arbeitete Theresa als feste Arbeitskraft am University Language Centre und an manchen Tagen kam sie zunächst hierher, um ihren Gedanken nachhängen zu können, bevor sie in die Universität ging.

Das Auslandspraktikum nach Ende ihres Studiums war von vielen skeptisch beäugt und als *Anfall von Abenteuerlust* bezeichnet worden. Vielleicht war das tatsächlich der Grund gewesen. Theresa wusste es nicht und es war ihr auch völlig egal.

Als ihre Chefin ihr am Ende der halbjährigen Praktikumszeit angeboten hatte, zu bleiben und als Sprachlehrerin zu arbeiten, hatte sie nur kurz gezögert.

Allen Ratschlägen aus Deutschland zum Trotz war sie nun an der University of Manchester festangestellt.

Wochenlang hatten ihre Eltern auf sie eingeredet, dass sie nicht alleine in England bleiben sollte. Ihr Vater war sogar nach Manchester gekommen, um sie ins Gebet zu nehmen, doch sie war standhaft geblieben. Sie liebte die kulturelle Vielfalt der Stadt, in deren Straßen sich indische Restaurants an pakistanische Nagelstudios reihten, wo im Unterricht Chinesen neben Engländern saßen und man als Ausländer einfach nicht auffiel. Deutschland war für sie momentan ganz weit weg und nicht zwei Flugstunden entfernt. Vielleicht lag es an dieser neuen

Freiheit, dass niemand verstehen konnte, warum dieser Job für sie derzeit das Paradies auf Erden war. Weit weg von der Familie in einer Stadt, die sie liebte und in der sie, entgegen der Meinung ihrer Eltern, ganz und gar nicht alleine war.

Gedankenverloren sah sie zum Fenster hinaus und merkte nicht, dass sich jemand zu ihr setzte.

„Good morning, Resa".

Es war ihr Kollege John. Er hatte sich wie immer einen Espresso geholt und stellte außerdem einen Teller mit zwei Croissants auf den Tisch.

„Ich lade dich ein", meinte er nur und wies mit der Hand auf das französische Gebäck.

Sie lächelte dankbar. Der Geruch von Butter stieg ihr in die Nase und als sie in das Croissant biss, spürte sie plötzlich ihren Hunger.

Eine Weile schwiegen sie und Theresa schloss kurz die Augen. Musik und Stimmengewirr drangen in ihr Ohr und für einen Moment fühlte sie sich wohlig müde. Doch schon tauchte vor ihrem geistigen Auge ihr Schreibtisch auf. Sie musste noch die Klausuren für die Prüfungsphase im Mai und Juni vorbereiten und die Korrektur der Hausarbeiten aus den höheren Kursen hatte sie auch noch nicht abgeschlossen.

„Ich habe gehört", durchbrach John die Stille, „dass eine Kooperation mit der Manchester Business School geplant ist."

Theresa nickte.

„Ja, wir überlegen, Wirtschaftskommunikation ins Curriculum aufzunehmen". Sie nahm einen Schluck von ihrem Kaffee, der jedoch inzwischen nur noch lauwarm war. „Dadurch könnten wir Unterricht anbieten, der dem Konzept des Kurses „Medical German" folgt. Im Moment ist die Idee aber noch nicht ganz ausgereift."

„Ich finde sie gut", meinte John. „Man sollte öfter mal etwas Neues ausprobieren. Wir gehen viel zu selten neue Wege."

Wieder mal musste sie über seine poetische Ausdrucksweise lächeln. Das hatte sie sofort an ihm gemocht.

„Also", sagte sie auffordernd und hob ihren Becher, um ihm zuzuprosten, „let's do it."

„Was sagst du denn zu deinem ersten Jahr am University Language Centre?", wechselte John plötzlich das Thema. „Ist alles immer noch so rosa, wie am Anfang?"

Verwirrt runzelte sie die Stirn.

„Rosa?"

John lächelte verlegen. „Sagt das man nicht so auf Deutsch? Die Welt durch eine rosa Brille sehen?"

Theresa merkte, wie sehr seine Worte sie berührten.

„Ja, fast", sagte sie, „hm, eigentlich ist sie rosarot." Sein Blick traf sie mitten ins Herz. „Also zumindest sehen wir Deutsche die Welt ab und an durch eine rosarote Brille, aber vielleicht ist das in England anders."

Mit Schrecken musste sie feststellen, dass sie dieses Sprichwort gar nicht spontan ins Englische übersetzen konnte.

John nickte.

„Ja, wir sagen To see everything through rose-coloured glasses."

Theresa lächelte.

„Mir macht die Arbeit viel Spaß. Auch wenn es Kursteilnehmer gibt, bei denen ich absolut nicht nachvollziehen kann, warum sie unbedingt Deutsch lernen wollen." Sie verdrehte die Augen und John musste lachen.

Es gab ein paar Engländer, die sich für Kurse anmeldeten, weil sie meinten, Deutsch sei wegen der Ähnlichkeiten des Vokabulars zum Englischen leicht zu lernen. In den Fortgeschrittenenkursen kam dann oft das böse Erwachen, wenn die Teilnehmer merkten, wie schwierig die deutsche Grammatik war.

„Fliegst du über die freien Tage wieder nach Deutschland?", fragte John.

„Mir war nicht danach, schon wieder auf Reisen zu gehen." Sie hatte die Weihnachtsferien bei ihren Eltern verbracht und den Zeitpunkt genutzt, um ihre Schwester zu Ostern nach England einzuladen. „Die erste Woche verbringe ich bei einer Freundin in Chester und über die Osterfeiertage kommt mich Marlene besuchen. Ich will einfach mal ein bisschen ausspannen und nicht so viel im Flieger oder Auto sitzen", fügte sie hinzu.

John nickte verständnisvoll.

„Uns geht es ähnlich. Charlottes Eltern kommen über Ostern aus London. Ansonsten haben wir auch nicht viel geplant. Es ist einfach schön zu wissen, dass man tun und lassen kann, was man möchte."

Sie lachten und Theresas Blick fiel auf die große Wanduhr des Cafés.

„Ich muss gleich los", meinte sie und leerte ihren Becher.

John aß den letzten Bissen von seinem Croissant und griff nach seiner Jacke.

Beim Verlassen des Cafés grüßten sie die Barista und traten auf die Straße. Busse rauschten vorbei, Autos hupten und Fahrradfahrer bahnten sich ihren Weg auf das Universitätsgelände. Theresa liebte das Rauschen der englischen Großstadt in ihren Ohren und freute sich, dass, entgegen der Vorhersagen, die Sonne schien.

Sie wusste, warum sie dem rauen Charme der ehemaligen Industriestadt erlegen war. Nach Ostern würden die Wettkämpfe für den *Christie Cup* beginnen. Es roch nach Frühling, die Stadt erwachte aus ihrem Winterschlaf und zeigte sich von ihrer grünen Seite.

Für Theresa gab es in diesem Moment keinen schöneren Platz auf dieser Welt.

Katharina Redeker

Das Glück
sitzt auf der Gartenbank

Hier auf meiner Gartenbank,
zwischen Gräsern, Blumen, Bäumen
mit dem Kaffee in der Hand,
ein schöner Platz zum Träumen.

Über mir der Himmel blau,
kein Wölkchen ist zu seh'n,
stundenlang ich sitz' und schau,
die Welt bleibt für mich steh'n.

Ein Apfel, rot, vom Baume fällt,
ich werde ihn gleich essen,
ein Vogel sich zu mir gesellt,
ein Platz zum Stress vergessen.

Die Sonne scheint mir auf den Fuß,
sie wärmt mir meinen Rücken,
der Nachbar schickt mir einen Gruß,
nichts kann mich mehr entzücken.

Die Katze schleicht um meinen Strauch,
sie will den Vogel fangen,
der Vogel sieht die Katze auch,
sein Singen ist vergangen.

Ich saß dort still auf meiner Bank,
zufrieden, glücklich, froh,
ich stundenlang den Kaffee trank,
ach wär's nur immer so.

Ich sitze bis der Mond aufsteigt,
er spiegelt sich im Teich,
der Tag sich nun dem Ende neigt,
auch hier in meinem Reich.

Der Mond, er scheint auf meinen Baum,
er strahlt in ganzer Pracht,
die Gartenbank, die sieht man kaum,
so dunkel gleich die Nacht.

Ich nehm' die Tasse in die Hand,
verlasse diesen Ort,
ich mein Glück hier heute fand,
trag das Glück nun fort.

Yasmin Mai-Schoger

Der Spatz in ihrer Hand

Seit dem Sommer hatte ich die alte Dame nicht mehr gesehen. Dort drüben hatte sie gestanden, mit dem Spatz in ihrer Hand. Die Augen geschlossen, strahlte sie eine tiefe Zufriedenheit aus. Ihre linke Hand hielt sie ausgestreckt, wohl mit ein paar Körnern darin. Es dauerte nicht lange, da saß ein kleiner Spatz auf ihrer Hand und begann eifrig zu picken.

Diese zarte Berührung zauberte ein Lächeln in das faltige Gesicht der alten Dame. Ich schätzte sie um die achtzig bis fünfundachtzig Jahre. Gern hätte ich sie angesprochen, doch wollte ich sie nicht in ihrem Zauber stören.

Heute sah ich sie wieder. Sie saß dort drüben auf der Parkbank in der wärmenden Herbstsonne. Eine beige, kurzärmelige Wolljacke schützte ihre Schultern vor dem kühler werdenden Herbstwind. Sie hielt ihr Gesicht der Sonne zugewandt. Die Sonnenstrahlen reflektierten das Grau ihrer Haare in einem strahlenden Glanz. Sie trug es, wie viele Frauen in ihrem Alter, im Nacken zu einem Knoten gebunden.

Ihre blauen Augen wirkten ungewöhnlich klar und jede Falte in ihrem Gesicht konnte sicherlich für sich eine Geschichte erzählen.

Ich setze mich zu ihr und wünschte mir sehr mit ihr ins Gespräch zu kommen.

„Ich habe sie schon mehrmals beobachtet", begann ich zaghaft, „als sie die Vögel fütterten. Sie standen dort drüben und ein Spatz ließ sich auf ihrer Hand nieder."

„Ach - ja, die Vögelsche."

„Sie füttern sie oft?"

„Ja, ja, füttern und mit ihnen sprechen."

Erstaunt sah ich zu ihr rüber.

„Ach, wissen't" sprach sie leise weiter. Ich glaubte einen kleinen traurigen Unterton in ihrer Stimme zu hören, „die Vögelsche, die sind doch noch so zutraulich, die haben's Zeit und kennen keine Hektik. Die können noch zuhören. Sie geben mir ein kleines Stückchen Paradies."

„Sie sind oft hier im Park, nicht wahr. Und immer allein?"

„Ja, ja, jetzt wieder. So lang bis meine Tochter nicht mehr so sehr mit ihrem Bub beschäftigt ist."

Jetzt war ich mir sicher, dass ihre Stimme traurig klang und auch ihre Augen wurden von einem traurigen Schimmer überschattet.

„Der Bub? Ist das Ihr Enkel?" versuchte ich die alte Dame weiter zum Sprechen zu bewegen.

„Ja, das ist mei' Enkel. Und der ist wieder allein."

Sie erzählte mir, dass ihr Enkel zwei Jahre mit seiner Freundin zusammen gewohnt hatte.

„Und jetzt hat sie einen anderen. Und mei' Tochter, die macht sich solch' Sorgen!"

Als sie erzählte, kam mir ihre Geschichte sehr bekannt vor. Ich glaubte schon, sie fast vergessen zu haben. Auch ich fühlte die Traurigkeit in mir. Sie hielt den ganzen Tag. Mit ihr ging ich ins Bett, mit ihr stand ich am frühen Morgen auf. Sie saß tief, diese Traurigkeit und fraß an mir wie ein gieriges Monster und wollte jetzt plötzlich heraus. Mir war nicht bewusst, dass sich meine Zunge löste und ich leise anfing der alten Dame meine Geschichte zu erzählen.

„Vor ein paar Wochen erging es meinem Sohn ebenso. Mein Mann und ich waren grad mit dem Auto unterwegs, als er uns auf dem Handy anrief und fragte, wo ich seine Bettdecke hin getan hätte. Mehr nicht, keine Andeutungen, gar nichts. Aber ich ahnte es."

„Ja, ja" nickte die alte Dame. „Das ist der Mutterinstinkt."

„Mmh. Und als wir dann endlich nach Stunden zu Hause waren, rief ich ihn sofort an. Aber es meldete sich nur der Anrufbeantworter:

,… wir sind nicht zu Hause, aber ihr könnt gern mit der Quietsche-Ente sprechen …' und dann stand er vor mir, mit seiner roten Kulturtasche in der Hand."

„Und …?", fragend sah mich die alte Dame an.

Leise sprach ich weiter.

„Ich nahm ihn einfach in den Arm, um seine Tränen aufzufangen; denn ich spürte, das Fragen ihn jetzt nur verletzen würden. Helfen konnte ich nur durch zuhören, falls er die Kraft hatte zu reden. Aber ich fragte mich schon, wie alles gekommen war. Wir hatten das Mädchen sehr lieb. Wie viel hat an unserem Sohn gelegen, dass sie sich einen anderen gesucht hat?"

„Ja, ja, das fragt sich meine Tochter auch. Und i' hab' schon zu ihr g'sagt ‚Weischt, Mädchen du hast scho' recht, der Bub hat scho' was dazu bei'tragen, dass das Madel sich einen anderen nimmt', aber das versteht keiner nicht. Alle sehen nur den armen Bub, der jetzt allein ischt."

„Ja, ganz genauso ist es. Und mit keinem kann man darüber sprechen."

„Ja, wissen't die Leut' ham ja alle keine Zeit - ja, ja. So bin ich nun auch allein hier im Park."

Wir schwiegen beide. Die Sonne hatte sich inzwischen hinter den Bäumen versteckt. Es war kühl geworden. Mit einem Lächeln stand die alte Dame auf und schlurfte davon.

Mein Gedanke wanderte ihr nach. Ich wünschte ihr, dass sie nicht müde würde, ihrem Spatz die Hand hinzuhalten. Dass sie ihr kleines irdisches Paradies wiederfand.

Hannelore Ewerlin

Tanz auf dem Regenbogen

Tanz auf dem Regenbogen
Im langen wallenden Kleid,
Ein wenig nass vom Regen,
Doch mit dir an meiner Seit'.

Golden schimmert unser Teint.
Der Regen plätschert sein Lied.
Singen leise den Refrain.
Unten tanzen viele mit.

Wir drehen uns im Reigen
In dem farbenfrohen Traum,
Berührt schon von den Zweigen
Von dem großen Apfelbaum.

Brigitte Adam

Liebe ist kein Paradies

Paradies: ein wunderschöner, einzigartiger Ort. Erstrebenswert, sich dort aufzuhalten. Für manche ist es ein exotisches Land mit Sandstrand und Palmen, die unberührte Natur einer tropischen Insel, oder die majestätischen Berge des Himalajas. Aber für mich gab es nur dieses eine Paradies: In den Armen der Frau, die ich liebte. Saroja.

Nach vielen Monaten war es mir endlich wieder möglich gewesen, sie zu besuchen. Doch meine Zeit bei ihr war vergänglich und der letzte Tag kam, wie immer, viel zu früh.

Es war zu wenig Zeit mit ihr. Es war zu wenig Zeit für UNS. Zu wenig *WIR*. Ich wurde wehmütig, als ich Saroja dabei zusah, wie sie meine Reisetasche packte - ich hatte mich darum gedrückt.

„Ich verlasse dich nur ungern", gab ich niedergeschlagen preis.

„Das weiß ich", entgegnete mir Saroja und schloss die Tasche. „Aber es ist besser so."

„Es könnte besser sein", protestierte ich und erntete nur ein warmherziges Lächeln meiner Geliebten.

Ich stand auf, ging zu ihr, nahm ihre Hände und fuhr einfach fort:

„Wir könnten das hier jeden Tag haben. Immerzu. Bis an unser Lebensende. Saroja, ich würde alles dafür geben, dich an meiner Seite zu wissen."

„Vincent ... sag so etwas nicht. Du hast ein gutes Leben, einen guten Stand - und deine Karriere", sie lächelte - aber ich wusste, dass sie es auch begehrte. Zumindest hoffte ich es.

„Es geht doch nicht um mich, Liebes. Es geht um dich. Um uns. Alles ist wertlos, im Vergleich zu deiner Gesellschaft. Ich will dich - ich ...", ich war im Inbegriff zu sagen, dass ich sie liebte, aber Saroja schnitt mir das Wort ab.

„Aber mein Vater ...", lenkte sie besorgt ein.

„Will er denn nicht dein Bestes?", ich redete mich in Rage.

„Du weißt, wie er darüber denkt", widersprach sie.

„Spielt das eine Rolle?"

Wieso konnte ich nicht meine Klappe halten? Ich kannte die Antwort doch, denn das tat es. Allein die religiösen Absichten Ihres Vaters waren der Grund gewesen, wieso sie einen Mann heiraten musste, den sie nicht liebte. Der sie nicht liebte. Nicht so, wie ich es tat. Einen Mann, den er ausgesucht hatte. Seine Entscheidungen waren es gewesen, die mich und Saroja getrennt hatten. Er wollte nicht ihr Bestes ... er hatte es nie gewollt. Weder damals, noch heute würde er es ihr gönnen. Vor allem nicht mit mir.

„Ach Vince ...", entgegnete meine Geliebte mir ruhig und streichelte meine Wange.

Der Gedanke, sie wieder verlassen zu müssen, obwohl wir zusammen gehörten, ließ plötzlich aus mir herausplatzen, was besser ungesagt geblieben wäre.

„Heirate mich, Saroja - lass uns wieder ... so wie früher zusammen sein."

Alles still. Quälend lang. Stille, in der mein sarkastisches Gewissen mir trocken applaudierte: ‚Gut gemacht, Hill.'

Es war nicht gut, wenn ich nicht über meine Worte nachdachte. Wenn ich die Kontrolle über mich verlor. Ich hasste es, wenn ich nervös wurde, wenn ich nicht Herr der Lage war. Dann passierte immer etwas Dummes. In diesem Fall, war es die unüberlegte - nein - dämliche Bitte an Saroja, mich zum Mann zu nehmen. MICH. Den korrupten, atheistischen Politiker. Und während ich mich selbst am liebsten geohrfeigt hätte, starrte meine Geliebte mich perplex an. Fassungslos.

Ich sah zurück und schluckte.

„V-Vincent ...", begann sie schließlich zittrig.

Ich stand nur da, wie der Ochse vorm Berg, der darauf wartete, dass man ihm die Peitsche gab, um sich in Gang zu setzen. Ich war nicht in der Lage zu reden, nicht in der Lage mich zu bewegen, nicht in der Lage den Blick von ihr zu wenden. Vollkommen eingefroren. Und meine Lippen pressten sich schon störend fest aufeinander.

„Du ... Du weißt, dass ich dich liebe, aber ...", ein *Aber* - für alle die es noch nicht wussten: Nichts, von dem, was jemand vor dem Wort

aber sagt, zählt wirklich. Dieser Fakt bewahrheitete sich, als sie fortfuhr: „... ich kann nicht."

Ein grauenhaftes Gefühl. Nicht nur, weil ich so idiotisch gewesen
war, sondern weil mich diese zu erwartende Ablehnung härter traf, als
ich es vermutet hatte. Es war, als hätte man mein perforiertes Herz auf
Salz gebettet, um es schließlich darin zu vergraben.

Mir wurde schlecht. Und plötzlich fühlte sich alles taub an. Und was
tat ich Idiot? Ich schnaubte und lächelte sie an.

„Ja. Natürlich. Entschuldige - das war dumm von mir. Verzeih ..."
Diese Worte waren an uns beide gerichtet.

„Nein, nein, nein, - es ist okay ... Mir tut es leid", raunte sie und
nahm mich in den Arm.

Sie wusste, dass es mich verletzte. Vermutlich sah sie es mir an.
Sarojas Hände legten sich auf meine Wangen. Sie stellte sich auf die
Zehenspitzen und gab mir einen Kuss, den ich kaum erwiderte. Ihre
Lippen brannten wie Feuer auf meinen eigenen. Wie tausende Na-
deln, die sich in mein Fleisch bohrten und sich ihren Weg gen Herzen
bahnten.

Nur langsam trennte ich mich von ihr, wagte es aber kaum noch, ihr
in die Augen zu sehen.

„Ich muss los."

„Ja", entgegnete Saroja, schmerzlich lächelnd.

Es tat mir so weh, sie so zu sehen. Doch ich nahm mit zitternder
Hand meine Tasche.

Sie begleitete mich zur Tür. Wir küssten uns ein weiteres Mal zum
Abschied - aber genießen konnte ich es nicht. Dabei gab ich mir alle
Mühe, denn ich wusste, es würde der letzte Kuss für eine sehr, sehr
lange Zeit sein. Den wollte ich nicht schlecht in Erinnerung behalten.

Ich nahm meine Geliebte, die mein Herz gestohlen und gebrochen
hatte, in den Arm. Ihre Nähe war in diesem Moment eine ebenso
grauenhafte Folter, wie die Distanz zu ihr.

Schließlich ließ ich sie stumm los und drehte mich von ihr weg.

„Vincent?", Sarojas Stimme war ungewohnt dünn, und als ich über
die Schulter zu ihr zurücksah, erblickte ich ein verunsichertes Mäd-

chen - keine starke Frau: „Ich liebe dich. Wirklich. Ich liebe dich über alles."

Alles was ich konnte, war ihr zuzulächeln. Ich brachte es nicht übers Herz, das zu erwidern. Stattdessen schenkte ich ihr dieses idiotische, selbstsichere Lächeln und die dümmsten Worte, die man jemandem auf ein Liebesgeständnis entgegnen konnte: „Ich weiß." Und dann ging ich.

Ich Idiot ging. Nein, ich rannte davon. Vor dem stechenden Schmerz in meiner Brust und meinen Gefühlen. Ohne zurückzusehen. Ich stieg in das nächste scheiß Taxi und flüchtete, wie ein Feigling. Ich flüchtete aus meinem eigentlichen Paradies.

Michelle K. Duncan

Die Welt ist bunt

Die Welt ist bunt! - Ich singe frohe Lieder,
auch wenn am Waldrand dunkle Schatten steh'n.
Ich zwing' die Angst, die in mir hochkommt, nieder.
Muss ich der Wahrheit auch ins Auge seh'n,
darf meine Hoffnung doch nicht untergeh'n.

Die Welt ist bunt, die Welt ist wunderschön!

Anita Menger

Mein Sehnsuchtsort

Dort, wo die Herbststürme über Land und See peitschen und die Winter lang, dunkel und kalt sind, zieht es mich hin.

Nicht untergehende Sonne erfüllt dort die Sommernächte mit Licht, spiegelt sich in den kristallenen Tiefen der Fjorde, silbrig glitzernd dem winterlichen Nordlicht Paroli bietend.

Kann es einen paradiesischeren Ort geben? - Nicht für mich!

Es begann als ich noch ein Kind war, mit langen Sommern hoch im Norden des europäischen Festlandes am dänischen Skagerrak.

Jeden Morgen ging ich an der Hand des Vaters den Weg zum Strand, um das Meer zu begrüßen und Zwiesprache mit dem Wind und den Wellen zu halten.

Auch damals war es oft kühl, aber der Vater grub mir eine Kuhle in die ich mich setzte und so war ich vor dem Wind geschützt. Er setzte sich neben mich und erzählte Geschichten von Trollen und geheimnisvollen Wassergeistern, die am anderen Ufer, weit hinterm Horizont hausen. Er erzählte von einem einsamen, namenlosen Ort an der norwegischen See und er malte diesen Ort immer und immer wieder.

Es war eigentlich nichts Besonderes. Ein paar rot gedeckte Häuschen, die sich in eine kleine, sandige Bucht unterhalb eines Berges duckten. Ein schmaler, zerklüfteter Streifen Sand und einige sturmerprobte, niedrig gewachsene Bäume. Und trotzdem: Das wurde der Ort meiner Sehnsucht.

Ich wurde erwachsen, ich bekam zwei Kinder. Im Sommer fuhr ich oft in den Norden, doch diese Orte hatten Namen: Sie hießen Aalborg, Esbjerg, Kolding und Skagen. Ich ging mit meinen Kindern an den Skagen Nordstrand und erzählte ihnen Großvaters Geschichten von Trollen und geheimnisvollen Wassergeistern, die am anderen, unsichtbaren Ufer, weit hinterm Horizont hausen. Ich erzählte von einem einsamen, namenlosen Ort an der norwegischen See und ich zeigte ihnen Großvaters Bilder, die er von seinem kleinen norwegischen Ort, zu einer Zeit lange vor meiner Geburt, gemalt hatte.

Meine Kinder wurden erwachsen und stürzten sich in ihr eigenes Leben. Ich blieb zurück und hatte immer noch meinen Sehnsuchtsort im Herzen. Wie hätte es sich angefühlt, wäre ich dorthin gefahren? Hatte ich Angst, enttäuscht zu werden? Kinderaugen sehen die Dinge oft mit einem ganz anderen Blick als die Erwachsenen ...

Es dauerte fast vierzig Jahre. Dann war es soweit. Ich machte endlich meine so lange ersehnte Reise nach Norwegen. Meine Herbstreise in das Land der Fjorde, der kristallklaren Wasser, in mein geheimes Paradies.

Als früh am Morgen Land in Sicht kam, brach sich das rotgoldene Licht der aufgehenden Sonne in den Wellen der See des Oslofjordes.

Ich sah dem Land entgegen und flüsterte: „Siehst du mich Papa? Ich bin angekommen!"

Andrea Lutz

Der Himmel auf Erden

Viele Menschen sich täglich durch die Hektik wühlen,
weder zu Ruhm noch Anerkennung gelangen,
sich immerzu wie ein Hamster im Laufrad fühlen,
häufig sogar um ihren Arbeitsplatz bangen.

Auch untereinander wenig Harmonie besteht,
das Konkurrenzgebaren man ständig ausdehnt.
So manch einem dieser Missstand an die Nerven geht
und ein Leben ohne Probleme herbeisehnt.

Wer letztlich Stress, Mühen und Disharmonie verflucht
sowie die Unwägbarkeiten des Lebens hasst
und deshalb nun sehnlichst den Himmel auf Erden sucht,
hat im Erdkundeunterricht nicht aufgepasst.

Werner Siepler

Die größten Magier aller Zeiten

Warum fällt mir eigentlich immer bei dem Wort *Magier* die schlimme Hexe, die böse Fee oder der Zauberer aus den Märchen ein? Es gibt doch auch die weiße Magie und die versetzt bekanntlich Berge.

Wenn ich im Winter unseren Garten betrachte, sehe ich einen kleinen Teil meines beginnenden, jahreszeitlich abhängigen Paradiesgärtchens. Sicherlich nicht zu vergleichen mit dem wunderschönen Gemälde aus dem fünfzehnten Jahrhundert im Städel-Museum, das vor Engeln und Heiligen fast aus dem Rahmen springt.

Hinsehen jedoch schärft mein Verständnis fürs *Ganze* auch ohne *Heilige*. Mit dem Blick für die natürlichen Jahreszeiten können Garten und gelebte Menschlichkeit eine paradiesische Geborgenheit vermitteln. Ein paar Tage Sonne und Temperaturen über null Grad - schon zeigt sich die Magie des Frühlings. Aus den trockenen Zweigen der Kletter-Hortensie treiben bereits die Knospen und die Winterlinge mit ihren gelben Blüten lassen den Frühling erahnen.

Genauso gehören Kinder zu den besten Magiern der Welt. Schon als Säuglinge mit ihrem ersten Lächeln verjagen sie die trüben Gedanken.

Wenn ich an meine Großmutter denke, erinnere ich mich an Situationen, die sich magisch im Herzen festgeschrieben haben und ganz bestimmt mein Leben mit prägten.

Kurz nach dem Krieg wohnten wir viele Jahre im gemeinsamen Haus. Mein Zimmer unter dem Dach konnte nicht beheizt werden. Im Winter blühten vom Atem die schönsten Eisblumen am Fenster. Dadurch sind meine Eltern, gemeinsam mit Oma, auf die Idee gekommen, dass ein immer kränkelndes Kind nicht in dem kalten, ungeheizten Zimmer schlafen durfte. Waren doch Husten, Bronchitis und Halsschmerzen häufig meine ganz anhänglichen Begleiter.

Der Umzug zu Oma ins Schlafzimmer war die rettende Idee. Im Sommer war es natürlich direkt unter dem Dach viel zu heiß und so konnte ich rund ums Jahr die Geborgenheit der Magierin spüren. Bei nächtlichen Hustenattacken stand Oma auf und bereitete für mich eine heiße Zitrone mit Zucker zu. Waren mal keine Zitronen zur Hand, gab es eben Zuckerwasser in kleinen Schlucken zu trinken. Die Nachtruhe war gerettet, denn der *Zaubertrank* wies den Husten in seine Grenzen.

Im Sommer gab es bei uns nachts häufig Gewitter, denn die schweren Regenwolken mussten sich am Albrand von einem Teil ihrer Last befreien, um über die schwäbische Alb ziehen zu können.

Meine Angst war immer grenzenlos! Gab es doch schlimme Berichte über Menschen, die vom Blitz erschlagen wurden!

Bis in mein Bett hätte es der Blitz zwar nicht geschafft, doch sagte die Erfahrung einer weisen Frau, dass Worte allein nicht in ein, von Angst erfülltes Bewusstsein durchdringen können. So zogen wir über unsere Nachthemden einen Bademantel und setzten, mit Licht und Kerze, die Nacht im Wohnzimmer fort. Oma las aus dem Gesangbuch oder der Bibel Verse vor und die Entspannung ließ nicht lange auf sich warten.

Wenn die Klänge des Donners sich weiter entfernten und der Regen klopfend gegen die Scheiben sein einschläferndes Lied komponierte, krochen wir in das, meistens noch körperwarme, Bett zurück.

Nach dem Frühstück warteten schon meine frisch geputzten Schuhe auf mich und mit dem Segen für den Schulweg wurde ich dann in die elterliche Wohnung verabschiedet.

Aus heutiger Sicht glaube ich, dass allen Handlungen meiner Großmutter ein besonderer Zauber innewohnte, der auch im Laufe ihres langen Lebens nicht verloren ging - sie wurde fast 97 Jahre alt.

Uschi Hörtig-Votteler

Abendzauber

Rosen
wiegen sich
satt im Wind.

Rot
färben sich
ferne Wolken.

Gartenschere
liegt wohl verwahrt
an ihrem Platz.

Wein
schimmert dunkel
in meinem Glas.

Blick
sucht den Himmel
beständig ab:

Fledermaus
zieht schnelle Achten
auf ihrer Jagd.

© Angelika Groß

Ellen Westphal

Die Rede

Die Sonne schien ihm genau ins Gesicht. Unter seinem schwarzen Anzug fing er langsam zu schwitzen an. Er war nervös. Er wollte ihm Ehre bereiten.

Nach einigen Minuten war es so weit. Er war dran. Der Mann vorne am Rednerpult deutete ihm - nickte ihm zu. Unsicher setzte er ein Bein vor das andere.

Als er bei dem Eichensarg ankam, blieb er kurz stehen und sah ihn an. Einige Tränen musste er sich in diesem Moment verkneifen. Im Sarg lag sein Mentor. Der Mann, der ihn seit seiner frühen Jugend begleitet hatte. Der ihn immer unterstützt und ihm moralische Grundsätze beigebracht hatte. Der ihn zu einem Mann machte, der ihn das Gute lehrte und ihn vor dem Bösen bewahrte. Und in diesem Moment fühlte er sich so alleine. Was macht ein Schüler wenn sein moralischer Meister stirbt? Stirbt er mit ihm?

Er machte mit seiner rechten Hand ein Kreuzzeichen, indem er sich zuerst an die Stirn griff, dann in den Bauchbereich, weiter zur linken Schulter und dann abschließend zur Rechten. Dabei zitterte er und schaute auf die für immer geschlossenen Augen seines Mentors, in der Hoffnung, sie durch diese Bewegung wieder öffnen zu können. Aber sie blieben geschlossen.

Dann setzte er seinen Weg in Richtung des Rednerpultes fort. Er spürte die Blicke der Menge auf seinem verschwitzten Rücken, und das machte ihn noch nervöser. Er hatte es schon immer gehasst, vor großen Menschenmengen zu sprechen. Aber sein Mentor, oh, sein Mentor hatte es geliebt! Er wollte es ihm immer beibringen, doch ohne Erfolg.

Als er am Pult ankam, verbeugte er sich vor dem in Weiß gekleideten Mann. Dieser wich von dem Birkenschnitzwerk zurück und machte ihm Platz. Dann stellte er sich hin und blickte in die Menge.

Es waren viele Menschen. Kannte er sie? Nein. Kannten sie ihn? Ja, alle kannten ihn. Er, sein Mentor, hatte immer von ihm geschwärmt. Von seiner Wissbegierde und seinem rhetorischen Talent. Nun wollten all diese Menschen sein Talent sehen. Er musste sich und auch die Kompetenz seines Meisters beweisen. Er fühlte sich unter Druck gesetzt – er wollte ihn nicht enttäuschen.

Er holte einen gefalteten A4-Zettel aus seiner Sakkoinnentasche heraus, entfaltete diesen und legte ihn im Querformat auf das Birkenholzpult. Dann blickte er in die Menge, dachte kurz nach und begann zu sprechen:

„Ich möchte Sie alle etwas Relevantes fragen: Was ist Ihr Paradies? Was ist Ihr Garten Eden? Nein, warten Sie. Lassen Sie mich die Frage anders formulieren. Wo ist Ihr Paradies? Viele von Ihnen würden jetzt sicher irgendeinen abgelegenen Ort nennen, ein Arbeitszimmer, eine Mühle im Wald. Ich würde unter normalen Umständen auch sagen: Ja, mein Paradies ist mein Arbeitszimmer, weil ich meine Arbeit liebe! Aber die Liebe zu meiner Arbeit habe ich nur durch diesen …", dabei deutete er auf seinen toten Mentor, *„… Mann entdeckt! Und wenn man eine so wichtige Person in seinem Leben verliert, überdenkt man sein Paradies – nein, man überdenkt seine ganze Welt! Er war für uns alle wichtig, er hat all unsere Persönlichkeiten mitgestaltet. Und wenn Sie mich jetzt fragen würden, wo mein Paradies ist, würde ich antworten: Ich weiß es nicht! Aber ich wusste es bis vor genau einer Woche: Es war kein ‚Wo‘, sondern ein ‚Wer‘. Mit diesem Mann zu arbeiten, von ihm unterrichtet zu werden und einfach nur bei ihm sein zu dürfen …"*, er musste kurz innehalten und sah nachdenklich, mit Tränen in den Augen, in die Menge, *„… nur bei ihm sein zu dürfen, war das Paradies. Ich meine, sind wir mal ehrlich: Was brauchen wir zum Überleben?"* Er untermalte diese Frage mit einer Handbewegung, so wie sie es immer besprochen hatten. Dabei rann ihm eine erste Träne aus den Augen. *„Ich kann Ihnen sagen, was wir zum Überleben brauchen. Wir brauchen Gesundheit, Freude, Liebe, eine Beschäftigung, Inspiration, Gleichgewicht, Nahrung, Wasser. Wenn wir all diese Bedürfnisse befriedigen, können wir überleben. Wir brauchen nicht das neueste Handy. Wir brauchen keine zehn Bildschirme bei unserem Computer. Wir brauchen keine Millionen Follower auf Instagram, nein. Wir brauchen jemanden, der uns den Weg zu all diesem zeigt. Jemanden, bei dem wir überhaupt*

erst anfangen können, gesund zu sein. Wenn Sie all diese von mir genannten ‚Dinge' besitzen, dann können Sie sich glücklich schätzen. Jemand, der all dies hat, ist eindeutig von Gott gesegnet."Dabei schaute er den in Weiß gekleideten Mann ernst an. „Wenn Sie mehr haben, zum Beispiel das Aufgenommen-Sein in einer Gemeinschaft oder sogar eine Demokratie in Ihrem Land, dann ist das ein paradiesischer Zustand. Verstehen Sie das? Das ist, wie das Paradies zum Quadrat."Er lachte bitter, während ihm weitere Tränen aus den Augen rannen. Und er fuhr dramatisch fort: „Aber alles, was sie noch nicht haben, aber glauben zu brauchen; alles, was sie unbedingt haben wollen, ist Gier. Es ist alles unglaubliche Gier, nicht mehr und nicht weniger. Ich frage Sie nochmal: Brauchen Sie das neueste Handy oder die zehn Bildschirme bei Ihrem PC? Brauchen Sie einen Ferrari und noch eine Segeljacht? Wohl kaum. Mit einem Ferrari sind Sie zwar mehr als schnell, aber wie schon Charlie Chaplin im Film ‚Der große Diktator' sagte: ‚Wir haben die Geschwindigkeit entwickelt, aber innerlich sind wir stehen geblieben. Wir denken zu viel und fühlen zu wenig'. Dieser Mann" - dabei deutete er nochmal in Richtung des Verstorbenen - „dieser Mann hat mir alles gegeben! Er hat mich in meinen dunkelsten Tagen unterstützt und mir das Gefühl gegeben, einen Vater zu haben. Er hat mich unterstützt, mich inspiriert, mich zum Lachen und zum Weinen gebracht. Er war ein Idol - mein Idol. Durch den Tod sind wir getrennt, aber er wohnt weiter in mir und in jedem Einzelnen von Ihnen."

Er schaute in die Menge. Viele von ihnen hatten, wie er, angefangen zu weinen. Er war nicht mehr nervös. Nein, das Reden hatte ihm zum allererersten Mal in seinem Leben gut getan.

Er blickte auf seinen Notizzettel, wo eigentlich seine Rede stehen sollte. Dort war ein Foto abgebildet, von ihm und seinem Mentor - seinem Freund - zu seinem zwölften Geburtstag.

Er wusste nicht, ob er lachen oder weinen sollte. Ihm war nach beidem zu Mute. Was macht ein Mensch ohne sein Paradies?

Clemens Weigl

Wo ist das Paradies?

Ich suche das Paradies.

Hilfe – wo finde ich dies?

Wer weiß es und zeigt es mir?

Überall nur diese Gier

und das auf der ganzen Welt.

Gerad mein Blick sich erhellt

an dem ruhigen Plätzchen,

wo man sich trifft zum Schwätzchen.

Hier vergisst man die Sorgen

und denkt auch nicht bis Morgen.

Hier ist man schon ganz nah dran.

So fängt das Paradies an.

Brigitte Adam

Ein kleines Fleckchen Erde

Es war ein sonniger Tag, mit angenehmen Temperaturen mitten im Juni. Am Himmel zogen weiße Wattewolken gemächlich dahin, die durch den anhaltenden Wind, der kontinuierlich eine wohltuende Brise herüber wehte, stetig ihre Formation änderten.

Irmgard hatte gleich Feierabend und freute sich ungemein. Sie würde ihren für sich persönlich geschaffenen Ort aufsuchen. Diese Lebensfreude hatte sie lange nicht mehr in ihrem Leben gespürt. Die Vergangenheit war beschwerlich gewesen.

Ihr Mann Otto war früh erkrankt und hatte Pflege nötig gehabt. Die Kinder hatte sie auf sich gestellt groß ziehen müssen.

Nachdem die Kleine endlich ihr Abitur gemacht hatte und ebenso wie ihr Bruder nun erstmal die Welt sehen wollte, bevor der Ernst des Lebens losgehen sollte, war Irmgard bereits 47 Jahre. Sie musste sich zwar nicht mehr um ihren Nachwuchs kümmern und ihn versorgen, trotzdem machte sie sich Gedanken um ihre Kinder, wenn diese ihrem *Work and Travel* in der weiten Welt da draußen nachgingen.

Ihr Mann war zu diesem Zeitpunkt bereits physisch unheimlich geschwächt und Irmgard tat alles, um es ihm so angenehm wie nur möglich zu machen. Als ihr Mann vor fünf Jahren an einem Herzinfarkt verstarb, brach für sie eine Welt zusammen und sie fiel in ein tiefes Loch.

Irmgard hatte lediglich für ihre Kinder und ihren Mann gelebt, die Kinder waren mittlerweile groß und selbstständig. Otto hatte eine große Lücke hinterlassen. Was sollte sie nun mit all ihrer Zeit anfangen, vor allem, was wollte sie tun?

Diese Frage hatte es in all den Jahren nicht gegeben, schließlich musste sie funktionieren. Die Firma ihres Mannes hatte eine Sozialbetreuung für Hinterbliebene, die war Irmgards Glück, sonst hätte sie sich wahrscheinlich aufgegeben.

Christine kam sie am Anfang zu Hause besuchen und die Frauen tranken zusammen Kaffee. Als die junge Frau spürte, dass Irmgard ein wenig Vertrauen zu ihr gefasst hatte, überredete sie die Dame mittleren

Alters, mit ihr zusammen Spaziergänge zu unternehmen. Dies tat Irmgard sichtlich gut und sie lebte dadurch stetig auf. Sie spürte endlich, dass sie als Person auch ein eigenständiges Leben hatte. Irmgard schöpfte langsam wieder neuen Lebensmut.

Genau drei Jahre ist es her, dass Irmgard ihr Leben angefangen hatte zu Leben. Durch die vielen Spaziergänge in der Natur mit Christine, spürte Irmgard, wie unheimlich gut sie sich im Grünen fühlte und entschloss sich, für sich auch ein kleines Fleckchen Erde zuzulegen.

Ihre kleine Zwei-Zimmer-Wohnung hatte nur einen winzigen Balkon, aber dieses Domizil konnte sie sich mit ihrem Verdienst leisten. Die große Wohnung hatte sie nach Ottos Tod aufgeben müssen, sie war für sie unerschwinglich geworden. Dort hatte sie einen wunderbaren und großen Balkon gehabt, ihn allerdings nie nutzen können in all den Jahren. Ihm nicht die nötige Aufmerksamkeit schenken können, sondern ihn ausschließlich zum Wäschetrocknen verwendet.

Wenn sie heute darüber nachdachte, wie ungebührend es war, wurde ihr das Herz schwer.

Irmgard schaltete den Computer aus und verließ das Büro. Sie schwang sich auf ihr Fahrrad und machte sich auf den Weg. Sie genoss es, sich den Wind um die Nase wehen zulassen. Ihre Vorfreude stieg stetig mit jeder Umdrehung der Pedale, die sie in Richtung ihres kleinen Fleckchens Erde brachte.

Als sie in den Weg einbog, kam ihr schon der betörende Duft ihrer Rosen entgegen, die über dem verspielten Gartentor wuchsen. Irmgard hatte ihren eigenen Garten erreicht, den sie über alles liebte und der für sie das reinste Paradies auf Erden war. Hier war sie wieder Mensch und fühlte sich unsagbar wohl.

Als Irmgard durch das Tor schritt, eröffnete sich ihr jedes Mal aufs Neue eine wunderschöne Oase. Egal wohin ihr Blick fiel, alles um sie herum blühte in den unterschiedlichsten Farben und der Duft dieser Blüten verzauberte sie regelrecht. Links ein schmales Beet mit Kräutern, darauffolgend ein Halbstamm rote Johannisbeeren, welche bereits voll gereift und zum Pflücken bereit waren. Bei diesem Anblick lief einem das Wasser im Munde zusammen. Irmgard würde daraus köstliches Gelee zaubern und für einen Obstkuchen würde es zusätzlich reichen.

Am Ende des Weges stand in ihrem kleinen Garten ein schlichtes Haus, zu dem eine nicht sonderlich große Terrasse gehörte. Auf deren Brüstung standen Geranien, die ihre Köpfe gegen den Himmel ragten und einen anzublicken schienen.

Für Irmgard reichte dieses Fleckchen Erde aus, es war ihr Ort. Etwas das sie in ihrem bisherigen Leben nicht gehabt hatte. Sie musste andauernd für andere zur Verfügung stehen. Unter solchen Umständen vergisst man seine eigene Person und wie schön das Leben sein kann, sowie die Natur um einen herum.

Irmgard erledigte ihre alltäglichen Pflichten, die ihr fortwährend große Freude und Spaß bereiteten, anschließend setze sie sich auf ihre Terrasse und lies ihren Blick schweifen. Irmgard war zufrieden, mit sich und der Welt. Sie genoss es, in ihrem persönlichen Paradies auf Erden zu sein. Ihr kleines Fleckchen Erde, ihr Garten.

Veronika M. Dutz

Zur Hölle mit den Machos

Die Stimmung im Paradies
war eines Tages ganz mies.
Sprach Adam zu Eva:
„Komm, hol mir ein Jever!"
Sie aß den Apfel. Echt fies.

Silke Vogt

Sahnehäubchen

Rita aus der Pfalz bewirtschaftet viel zu lange allein, das geerbte, kleine Gasthaus *Weintraube*.

Ihr Zwillingsbruder Manfred, ein Schöngeist und Mode-Designer, hat sich von ihr auszahlen lassen und hilft ihr nur ab und zu mal während der Durchreise. Er ist immer unterwegs auf der Suche nach dem großen Glück. Mal ist es die Arbeit mal die Beziehung, doch herausgekommen sind letztendlich nur Entwürfe, die ihn nicht weiterbringen.

Rita bereitet sich seit Tagen auf das anstehende Weinfest vor und ihr Bruder gestaltet den Hof mit sehr viel Phantasie, tollen Lichtspielen und einem riesigen Feuertopf, den er selbst in Gold und Silber angemalt hat.

„Ich werde spätestens im nächsten Jahr die Pension aufgeben müssen ...", ruft sie ihrem summenden Bruder zu, „... es rechnet sich nicht mehr und ohne Unterstützung kann ich es nicht schaffen!"

Ihr Bruder lächelt ihr sorglos zu und legt pfeifend eine Lichterschlange um den Baum. Rita seufzt und wischt sich die Hände am Geschirrtuch ab. Sie weiß wirklich nicht wie es weitergehen soll. Ihr Blick fällt auf den Brief von der Bank.

„Hast du mir zugehört, du Paradiesvogel?"

Am Abend vor dem Weinfest trifft Klaus, ein liebgewordener Stammgast, ein. Er ist betrübt weil seine Freunde ihn diesmal nicht begleiten. Klaus träumt davon, das Schicksal einmal am Schlafittchen zu packen und von der eintönigen Büroarbeit durch einen Neuanfang irgendwo, fortzukommen.

In jungen Jahren hatte er eine Ausbildung zum Konditor abgeschlossen, doch anschließend zusätzlich Immobilienkaufmann gelernt und in diesem Beruf gearbeitet, weil er damit sehr gut verdient.

Die Abende auf seiner schicken Dachterrasse in Frankfurt sind einsam und der Wein schmeckt meistens wie frisch gefallene Tränen. Wann immer er Zeit findet, fährt er in die Pfalz, da ihm schon das Herz aufgeht, wenn er nur über die Hecke zum Häuschen *Weintraube* schaut.

Rita hat eine blaue Holzbank unter das Fenster gestellt. Die bunten Sommerblumen wachsen kniehoch auf der Wiese. Sie sitzt, die Zeitung lesend, den Kopf mit einem Strohhut bedeckt, mitten im Sonnenlicht, und er könnte sie immerzu nur anschauen.

Nachdem er sein übliches Zimmer bezogen hat, sitzen sie noch lange auf der Holzbank und lauschen dem Zirpen der Grillen. Er bestellt eine Karaffe vom besten Wein, die ihm Rita mit einem verzückten Lächeln bringt, nachdem er ihr mutig das DU angeboten hat. Ein Käuzchen ruft in der Ferne und Klaus denkt an seine Oma, die ihm erzählt hat, sie kündigen eine schicksalhafte Wende an.

Manfred hingegen schläft schon seit Stunden mit einer Augenmaske, um am nächsten Tag beim Weinfest fit und schön zu sein.

Plötzlich hören beide ein lautes und bedrohliches Rascheln und Schnauben direkt vor sich im Gebüsch. Rita ist froh, nicht allein zu sein.

Heldenhaft, mit einem Stock bewaffnet, macht sich Klaus auf die Verbrecherjagd und springt entschlossen in das Gebüsch. Leider hat er schon ziemlich viel getrunken. Er fällt in den Rosenstrauch und schreit vor Schmerzen laut auf. Ein aufgeschreckter Igel läuft auf einmal flink an Rita vorbei. Erleichtert lachend, hilft sie Klaus wieder auf die Beine.

Das Fest am nächsten Tag wird ein rauschendes Ereignis und die *Weintraube* ist auf dem Hof bis zum letzten Platz belegt.

Als es auf Mitternacht zugeht, haben Klaus und Manfred Blutsbrüderschaft getrunken. Manfred verträgt nicht viel und sieht schon längst alles doppelt. Trotzdem lauscht er hingebungsvoll den Geschichten von Klaus, der ihm von selbstgebackenen Köstlichkeiten berichtet, die er jederzeit herstellen könnte. Manfred ist beeindruckt und sucht in der Hosentasche nach seinem Taschentuch. Er schnäuzt sich mit einem 20-Euro-Schein, ohne es zu merken.

„Ist der Teuer-Fopf nicht wunderschön, Klaus? Sag doch was."

Klaus rät ihm daraufhin, dringend Wasser zu trinken.

Beim Frühstück am nächsten Tag lächeln die Zwillinge Klaus einvernehmlich an.

„Wir müssen mit dir reden Klaus." ergreift Rita das Wort. „Wahrscheinlich war dies gestern unser letztes großes Weinfest. Die Bank will unser schönes, uriges Winzerhaus versteigern."

Manfred schluckt schwer und kratzt sich verlegen am Kopf.

„Wir wollten dich fragen, äh, wenn du im nächsten Jahr wiederkommst, also, ob du dir dann vorstellen kannst, bei uns zu bleiben. Das wäre für uns einfach das Sahnehäubchen zum Glück. Wir schmeißen gemeinsam das Geld für die Schulden zusammen und du verkaufst hier bei uns deine selbstgemachten Pralinen und Leckereien für große und kleine Gäste. Ich würde die Werbung übernehmen und Rita hilft dir in der Küche. Wir machen aus dem Gasthaus eine Konditorei. Was hältst du davon?"

Klaus strahlt und antwortet: „nur unter einer Bedingung. Wir taufen die *Weintraube* um in *Das Sahnehäubchen*."

Manfred schwenkt begeistert seinen großen Lederhut und juchzt vor Freude.

Rita und Klaus stehen kurz danach draußen unter den Obstbäumen im Sonnenschein und schauen den turtelnden Schmetterlingen nach. Klaus lächelt Rita zärtlich an und denkt über seine Entscheidung nach.

Ja, er wird wirklich in die Pfalz ziehen. Nichts kann ihn mehr hindern. Schließlich geht es um viel mehr. Sein Leben mit dem allergrößten Sahnehäubchen.

Regina Berger

Die Vertreibung

Dass man nach Verbotenem besonders lüstern wird,
ist bereits im Alten Testament dokumentiert.
Hiernach lebten Adam und Eva im Paradies
und der Schöpfer sie von allen Früchten kosten ließ.
Allerdings seine Zustimmung mit der Einschränkung versah,
dass der Genuss der Äpfel eines Baumes verboten war.
Doch der Genuss der verbotenen Äpfel mächtig reizte.
Eine Schlange mit ihrer Überredungskunst nicht geizte,
hinterlistig zum Apfelgenuss animierte,
genussvoll dann jeder einen Apfel probierte.
Der Schöpfer nach diesem Fehltritt nicht gelassen blieb,
Adam und Eva nun aus dem Paradies vertrieb.
Seine Konsequenz tut den Menschen heute noch weh,
so ist das Paradies für alle Menschen passé.
Hätte es im Paradies diesen Obsttag nicht gegeben,
würden wir heute alle dort sorglos in Freuden leben.

Werner Siepler

Angies Wunderwelt

Angie hatte einen kleinen Künstlerkreis und lange und gut mit allen zusammengearbeitet. Als Krönung war in einer Kulturnacht ein Auftritt vorgesehen, an dem alle Künstler ihre eigenen themenorientierten Werke präsentieren konnten, die alle sehr gelungen waren.

Der große Tag nahte, Angie besprach alles mit den Organisatoren, die die Räumlichkeiten boten, mit ihrer Freundin Bella, mit einer Musikerin und mit Menschen, die für die Technik zuständig waren.

Der große Tag kam näher und ein Mann, der eigentlich nicht zu dem Kreis gehörte, wollte dabei sein und auch eine Kostprobe seiner Kunst vorstellen, der Wunsch wurde ihm gewährt.

Die Tische waren hinsichtlich des Mottos *Unterm Sternenhimmel* festlich geschmückt, Künstler brachten ihre Bilder, eine Vernissage entstand, man konnte den Sternenhimmel regelrecht spüren.

Kinder führten einen Lichter-Sternentanz auf, junge Poeten lasen romantische Gedichte zu dem Thema vor, Angie und Bella lasen eigene Märchen vor, die wohl auch dem Sterntaler-Mädchen gefallen hätten. Die Musikerin sang eigen komponierte Lieder, passend zum Thema und begleitete die anderen auch mit leiser eigener Instrumentalmusik.

Der hinzu gekommene Mann trug etwas vor, was zu dem Thema nicht passte. Aber in Anbetracht der sonstigen Einheit, schmälerte dies den Gesamteindruck nur wenig, wenngleich Angie dachte, er hätte sich wohl an das vorgegebene Thema halten können.

Der Event gelang. Das Publikum war begeistert und jeder erhielt zum Schluss einen, von Kindern gebastelten, Stern. Der Applaus blieb nicht aus und Angie und ihr Team waren glücklich.

Das sollte ein wenig gefeiert werden und ein Gartenlokal wurde ausgemacht, in dem die Veranstalter sich ein oder auch zwei Gläschen Sekt auf den Erfolg gönnen wollten.

Bella und die Musikerin, die sich Zimmer genommen hatten, wollten sich noch schnell umziehen und ein wenig frisch machen. Angie wartete auf sie. Der Gast-Künstler setzte sich zu ihr und redete in einem

Atemzug auf sie ein. Noch völlig in Gedanken bei der Veranstaltung hörte sie nur, wie durch einen Nebel: „Also, ich an eurer Stelle hätte …. - Ich an eurer Stelle würde … - Dafür, dass ihr keine Profis seid, war es ganz nett, aber ihr könnt von mir lernen, dass … - Ich habe große Erfahrung und bin ein Profi in dem Bereich, ich kann euch weiterhelfen, das in Zukunft anders, besser zu machen."

Angie, die gerne in ihrer frohen Stimmung geblieben wäre, wies ihn darauf hin, welches Thema der Event gehabt hatte, dass sich jeder außer ihm, daran gehalten hatte und dass ihre Organisation durchdacht und durchaus gelungen war.

Doch er machte weiter: „Also, demnächst übernehme ich die Leitung und zeig' euch, wie man das macht. Ich sag ja: Ich an eurer Stelle würde …"

Angie, der allmählich *der Kamm schwoll*, antwortete: „Und ich an Ihrer Stelle würde mal darüber nachdenken, wer auf der Leitung steht."

Das verstand er nicht auf Anhieb, aber bald tauchten Bella und Beatrice, die Sängerin, fröhlich lachend auf.

Angie empfing sie mit offenen Armen und sagte zu dem selbst ernannten Profi: „Gestatten Sie, das Leitungsteam möchte nun gern allein sein."

Diese Aufforderung verstand er nun und verabschiedete sich mit einem entrüsteten: „Aber, aber ich möchte doch nur helfen."

Nachdem er sich zurückgezogen hatte, atmete Angie hörbar auf und Bella lachte: „Was sind denn das für Töne, du bezeichnest uns als Leitungsteam, sonst nennst du alle doch immer ein Mosaik."

„Jo, das stimmt, aber das versteht nicht jeder, in dem Falle hilft nur aufplustern."

Alle kicherten. Sie setzten sich nun in ein lauschiges Eckchen, Bella nahm Angies Hand und schaute sie sanft an. Schweigend saßen sie unterm Sternenhimmel bis in die Nacht hinein und Beatrice spielte leise instrumentale Musik. Der Himmel war aufgegangen. Sterne traten in die Augen der Freundinnen.

Elfie Nadolny

© Klaus W. Nadolny

Flucht aus dem Alltagstrott

Es war einer dieser langweiligen Nachmittage, an denen Anja antriebslos auf ihrem Sessel saß und eine Tasse Kakao trank. Sie blickte aus dem Fenster und sah die immer gleiche Straße vor ihrer Haustüre, saß in dem immer gleichen Raum und trank den immer gleichen Kakao.

Sie beschloss, den Tag nicht ungenutzt zu lassen, ein nahrhaftes Essen zu zaubern und dem Alltag zumindest für eine Weile zu entfliehen.

‚Heute wird nicht nur herum gelümmelt', spornte sich Anja selbst an und stieg aus ihrer gemütlichen Sitzgelegenheit auf.

Sie schnappte sich ihre Schlüssel, ihre Handtasche und ihre Geldbörse und verließ anschließend die Wohnung.

Draußen angekommen, ließ sie die Außenwelt erst einmal auf sich wirken. Im Gegensatz zu ihrer kargen Wohnung wirkte die Natur wie ein wahrer Lebensspender. Sie bestimmte, den Marktplatz anzusteuern, um ein paar Karotten für ein schmackhaftes Mittagessen zu kaufen.

Auf dem großen Wochenmarkt angekommen, versuchte sich Anja zurechtzufinden und durchschlenderte die Gassen, die die aufgestellten Stände bildeten.

Als sie kurz stehenblieb, spürte sie auf einmal eine Hand auf ihrer Schulter. Erschrocken blickte sie hinter sich.

„Hey, tut mir leid, dass ich dich einfach so anfasse, das gehört sich ja eigentlich nicht", sprach sie ein Mann an, der etwa in ihrem Alter war. „Du bist mir gerade aufgefallen und ich musste dich unbedingt ansprechen."

Eine Mischung aus Erstaunen und Erröten war auf Anjas Gesicht zu erkennen. Sie wusste nicht, wie sie auf eine solche Aussage angemessen reagieren sollte. Single war sie immerhin, also warum nicht darauf eingehen, dachte sie sich.

„Das, nun... Das ist wirklich nett von dir, danke. Wie heißt du?", wollte Anja wissen.

„Ich bin Jens und wie heißt du? Du siehst nach einer Melanie aus."

„Na, fast richtig", neckte die junge Dame den Mann. „Ich bin Anja."

„Ein schöner Name. Würdest du mir eventuell erlauben, dich irgend-wann mal zu einem Kaffee einzuladen?"

Die junge Schülerin überlegte, wann sie das letzte Mal auf ein Date eingeladen worden war. Sie kam zu der traurigen Erkenntnis, dass es in der Grundschule war, als ihr bester Freund sie auf ein Eis einlud.

„Nun, warum nicht." Anjas Herz klopfte auf einmal wie wild vor Aufre-gung.

„Okay, ich schreibe dir kurz meine Nummer auf und du meldest dich einfach, wenn du Zeit hast." Der Mann in der Lederjacke gab ihr ein Stück Papier mit einer Zahlenfolge darauf in die Hand.

„Alles klar, mach' ich."

Die beiden Jugendlichen umarmten sich zur Verabschiedung und gingen daraufhin getrennte Wege. Anja fand es etwas merkwürdig, so-fort umarmt zu werden, dennoch lächelte sie vor lauter Freude über das unerwartete Aufeinandertreffen.

Mit einer Einladung zum Kaffee hatte sie an diesem Tag wohl am wenigsten gerechnet.

Weiterhin mit einem Grinsen bewaffnet, machte sie sich auf, zum Stand der Gemüsehändlerin. Auf dem Weg wich sie noch einem Fuß-ball aus, den ein Kind gerade beim Spielen an ihr vorbei geschossen hatte. Das war ihr allerdings, angesichts ihrer Gefühlslage, ziemlich egal.

Nachdem Anja einige Marktstand-Korridore hinter sich gebracht hat-te, kam sie dort an, wo sie hin wollte. Sie suchte sich die schönsten Karotten aus, die sie finden konnte und ging zu der rundlichen Verkäu-ferin, um zu bezahlen.

„Das macht dann achtzig Cent", sagte die Verkäuferin freundlich.

„Das nenne ich mal günstig. Ich …", Anja brach den Satz abrupt ab. Sie war dabei, ihre Geldbörse aus der Handtasche zu holen, merkte je-doch, dass sie nicht dort war, wo sie sein sollte. Unkonzentriert tastete sie alles ab, fand jedoch nichts außer ihren Schlüsseln. Panik brach in ihr aus und ließ sie verzweifeln.

„Meine Geldbörse ist weg", berichtete sie der Gemüsehändlerin.

„Oh, das ist schlimm. Das passiert leider in letzter Zeit sehr häufig auf dem Markt." Die Frau hinter dem Holztresen wirkte mitfühlend. „Dann mal schnell zur Polizei, Kleines."

Anja fragte sich, wo sie ihre Geldbörse gelassen hatte und ob sie vielleicht auf dem Tisch in ihrer Wohnung lag. Sie war sich allerdings absolut sicher, dass sie alles Nötige eingepackt hatte.

Ein Gedanke an den unbekannten Mann durchfuhr ihren Kopf. Sofort kam ihr der Verdacht, dass Jens – oder wie er auch immer in Wirklichkeit heißen mochte – ihre Geldbörse entwendet hatte. Aufgebracht lief sie ein Stück abseits des Marktes auf und ab.

Die Schülerin machte sich allerdings klar, dass es auch nichts half, die ganze Zeit hin und her zu laufen, und beschloss, Richtung Polizeirevier aufzubrechen. Sie hatte Glück, denn es lag gerade einmal drei Straßen von ihr entfernt.

Als sie den Weg entlang lief, fühlte sie sich entwürdigt und war sauer auf sich selbst, weil sie nicht besser aufgepasst hatte.

Anja erreichte die Verwaltung der Gesetzeshüter, war sich jedoch nicht sicher, ob sie wirklich eintreten sollte. Sie malte sich aus, ob eine Anzeige gegen einen Unbekannten überhaupt etwas brachte. Oder noch schlimmer – ob sich der Mann vielleicht rächen würde, wenn er herausfand, dass sie ihn angeschwärzt hatte.

Nervös wippte Anja mit ihrem Fuß und wusste nicht, was sie tun sollte. Ein Mitarbeiter der Polizeistation lief an ihr vorbei und fragte, ob er etwas für sie tun könne. Sie musste einsehen, dass eine Anzeige das Sinnvollste war und entschloss sich dazu, mit dem Beamten zusammen einzutreten.

Sie beantwortete alle Fragen, die ihr gestellt wurden und beschrieb den mutmaßlichen Dieb, so gut sie konnte.

Dank ihres klopfenden Herzens beim Gespräch mit dem Mann hatte sie natürlich nur wenig auf Details geachtet.

Als Anja mit ihrer Aussage fertig war, verließ sie das Gebäude wieder und stieg die Steintreppe vor dem Revier hinunter. Zwar war sie nun etwas erleichtert, trotzdem nagte der Gedanke an ihr, dass ihr Handeln eventuell Konsequenzen für sie hatte.

Erneut spürte Anja eine Hand auf ihrer Schulter. Sie zuckte zusammen und drehte sich blitzschnell herum, um zu sehen, wer sie berührt hatte.

„Hey, was ist denn mit dir los?", fragte ihre Freundin Sandra sie verwundert.

„Oh, du bist es." Erleichterung durchfuhr Anja und ihr Herz klopfte wieder wie wild – dieses Mal aus Panik.

„Ist alles okay bei dir? Du siehst total blass aus."

„Ach, mir geht's gut. Mich hat vorhin nur irgendein Typ auf dem Marktplatz beklaut, als ich Karotten kaufen wollte. Er hat mit mir geflirtet und mir dann bei der Umarmung zum Abschied die Geldbörse gestohlen."

„Was?" Sandra war geschockt. „Das erklärt auch, warum du aus dem Polizeirevier kommst. Und das alles wegen ein paar Karotten."

Anja bemerkte, dass ihre Freundin den gleichen Einfall wie sie hatte. Unter Sandras Arm klemmte eine große Portion Möhren.

„Na, immerhin hast du deinen Einkauf gut überstanden und bekommen, was du wolltest." Anja lachte, um sich etwas von dem Erlebnis abzulenken.

„Wenn du möchtest, kannst du gerne ein paar Karotten von mir haben."

Das Angebot nahm das Diebstahl-Opfer nach dem ganzen Trubel gerne an. Die beiden Freundinnen unterhielten sich noch eine Weile darüber, wie schlimm die Welt geworden war und verabschiedeten sich mit einer Umarmung.

„Jetzt klau mir bloß nicht meine Geldbörse", neckte Sandra ihre Bekannte.

„Bring mich nicht auf Ideen, Fräulein", konterte Anja daraufhin.

Mit besserer Laune machte sie sich auf den Weg nach Hause, um wieder einen klaren Kopf zu bekommen. Bevor sie in ihre Wohnung eintrat, schaute sie sich jeweils links und rechts von ihr um, ob sie wirklich in Sicherheit war.

„Jetzt werd' mal nicht paranoid, Mädchen", dachte sie sich und betrat die Wohnung. Ihr erster Impuls befahl ihr, etwas Milch zu erwärmen und sich einen Kakao zu machen.

Sie schnappte sich eine Tasse, mixte das süße Getränk und begab sich zu ihrem Sessel. Sie setzte sich langsam hin, um nichts zu verschütten.

Sie saß in dem immer gleichen Raum, trank den immer gleichen Kakao und sah durch ihr Fenster auf die immer gleiche Straße vor ihrer Haustüre.

In diesem Moment bemerkte sie, dass ihre eigenen vier Wände ihr wie ein kleines, persönliches Paradies vorkamen.

Dominik Wulf

Zungenkuss am Morgen

Feucht und warm
schleckt er mein Gesicht,
Traumblasen zerplatzen
im Morgenrot:
Das ist erst der Anfang!
Kein Zentimeter
nackter Haut ist sicher,
alles wird geleckt,
was sich aus dem Federbett
in die Kühle wagt.
Er tobt im Bett
auf mir und hechelt
immer aufgeregter,
bald naht der Höhepunkt
seines Sonnengrußes -
er hat sein Ziel erreicht:
Ich stehe auf
und taumel benommen
ins Badezimmer,
während sich mein Schatz
auf meinem Kopfkissen rekelt.
Nun ist es bald soweit,
Frauchen ruft,
die Leine in der Hand,
zum Gassi gehen.

Ellen Westphal

Prosaisches Paradies

Es war einmal ein kleines Mädchen, dem wurden von seinen Eltern etliche Traumurlaube geboten. Geboten hätte ich es gefunden, mich zu fragen. Fraglos machen Kinder Vorgegebenes - vorgebliche Paradiesreisen all inclusive. Vergeblich, zu opponieren, solange man seine Füße unter spätere Erbtische stellt. Stellt man sich besser nicht so an.

Ebenfalls weg fuhren andere aus meiner Klasse, verbrachten klasse Freizeit. Sie aalten sich an Sonnenstränden, prahlten in der Schule vom Meer.

Mehr hatte ich zu bieten, bloß fand ich meine Exklusiverfahrungen peinlich. Was war bei uns so anders, dass mir davon anders wurde?

Meine Eltern leiteten beide beruflich Exkursionen, die wir vorab erfahren mussten. Ich musste mit. Start wegen Staugefahr jeweils zwischen zwei und vier Uhr nachts.

Vom schwer erreichbaren Airport mit Check-in zwei Stunden vor Abflug ging es nach Tunesien, den Kanaren, Kanada.

Europa klapperten wir per eigenem PKW ab: im Süden Griechenland und Italien, im Westen Belgien, Holland, Frankreich, Spanien und Portugal, im Osten Polen, Ungarn sowie die damalige DDR, im Norden Großbritannien und Skandinavien.

Übernachtung aus Kostengründen im Zelt, später in einem Minicaravan. Die betagten Familienkutschen ließen lange Strecken zum Hänge(r)n und Würgen werden, schlecht, wie mir beim Fahren wurde. Dadurch lernten meine Eltern, besser den restlichen Halbliter Milch wegzuschütten, als ihn der Tochter auf vollen Magen bei Reiseantritt zwangseinzuflößen. Alles kam nach wenigen Kilometern retour.

Retourismus, doch waren Wortspiele angesichts der prekären Lage tabu. Trotz Intensivputzaktion, nach der wir unser in Topzustand versetztes Vehikel am besten direkt meistbietend verscherbelt hätten, haftete ihm saurer Gestank bis zur Verschrottung an.

80 hinten auf dem Caravan versprach zu viel, war dieses Tempo doch höchstens bergab, auf gerader Autobahn mit Rückenwind zu schaffen.

Mich schafften nordnorwegische Serpentinen bei halbem Tachostand.

Mit dem Erwachsenwerden nabelte ich mich ab, legte eine lange Reisepause ein, bis ich mit meinem Studienfreund für zwei Jahre, später noch ein weiteres Jahr, nach Japan ging - ihm bzw. unserer gemeinsamen Zukunft zuliebe.

Obwohl gegen meine innere Natur, war es eine bereichernde, wenn auch wenig paradiesische Erfahrung.

Die gemeinsame Zeit in exotischer Fremde mit allen Problemen führte dazu, dass wir seit über zwanzig Jahren verheiratet sind. So schnell haut uns nichts mehr um.

Meinen seit jeher geringen Mobilitätsdrang hat spätestens das Auswandern auf Zeit gestillt. Kurzzeittourismus halte ich nach allem, was mir aus der Kindheit in negativer Erinnerung ist, ebenfalls für überflüssig.

Mein Mann wuchs ländlich auf, ich in einem ruhigen Vorort. Weitere Domizile waren ausschließlich städtisch, kaum steigerungsfähig urban in Tokyo.

Wieder in Deutschland, verschlug es uns als Kontrastprogramm aufs Land. Seitdem wohnen wir, wo andere urlauben, wörtlich zu nehmen, denn unser Naturgarten wird von einem Flüsschen begrenzt, mit Campingplatz am jenseitigen Ufer.

Dortige Stammgäste sind Großstädter, pro Strecke anderthalb Stunden (ohne Stau) im PKW unterwegs, um in ländliche Idylle abzutauchen.

Viele hiesige Dörfler hingegen fahren zum Shoppen, Ausgehen, Kino- oder Theaterbesuch in eben jene Metropole. Verkehrte Welt mit Verkehrschaos durch ständiges Getrieben sein. Triebtäter einmal anders definiert.

Zu uns strömen derzeit Flüchtlingsmassen, gezwungenermaßen aus ihrer Heimat vertrieben. Und was machen wir, die wir das Privileg besitzen, ins friedliche, reiche Deutschland hineingeboren worden zu sein? Die wir keinen Hunger leiden, eine feste Bleibe haben, genug zum Anziehen, gute Bildungschancen, ein zuverlässig funktionierendes Gesundheitswesen? Mit noch viel mehr Luxus, den wir längst für selbstverständlich halten?

Wir fliehen freiwillig. Kaum jemand bleibt wochenends daheim. Über Feier- und Brückentage werden, nomen est omen, alle Brücken abgebrochen, um so weit zu kommen, wie die knappe Zeit erlaubt. Zwei freie Wochen erlauben weltweite Mobilität, stets auf der Jagd nach Paradiesen oder -jenen, dank Photoshop in satten Farben ausgemalt von Reisekatalogen. Logen die nicht immer schon? Schonungslos!

Das große Los gezogen hat man beim *Meerblick* kaum. Es reicht (einem), sofern das so ferne Wasser mit Halsverrenken erahnbar. Bar jeden Blicks: *Meerseite. Lebhaft und quirlig* verniedlicht Straßenlärm bis aufs Zimmer. *Touristisch gut erschlossen* heißt Bettenburg.

Brötchen, Marmelade, Kaffee plus Butter verschmelzen mit Selbstbedienung zum *Frühstücksbuffet.* Wenig fair warnt *kurzer Transfer vom Airport* vor Fluglärm. *Meer in hundert Metern Entfernung* ist (nur) bei Entfernung der Felsklippen zugänglich. *Neu eröffnetes Hotel* steht kurz vor Fertigstellung. Dort hört man Wände wachsen statt Gras. *Das Domizil hat Ursprünglichkeit bewahrt* bewahrheitet sich als renovierungsbedürftiges Haus mit heruntergekommenem Eindruck.

Eindrucksvolle Worte. Wer liest bei Paradiesversprecher(r)n schon zwischen den Zeilen? Lieber ins Verderben stürzen als Vorfreude verderben zu lassen. Man freut sich zuverlässig. Zu lässig. Lässliche Sünde.

Globetrotter, grobe Trottel, schwärmen von Traumzielen, nichts ging je schief. Warum sollte es mich treffen? Ob man selbst Pleiten, Pech und Pannen zugeben würde? Die Würde des Reisenden ist unantastbar. Alle tönen nach ungeschriebenem Gesetz im Fachjargon, obwohl sich vor Ort manch Traumparadies als reinste Hölle erwies.

Erwiesenermaßen wohne ich seit zwanzig Jahren da, wo andere Urlaub machen. Ich bin genügsam, die Landidylle genügt mir. Zur Genüge gab es andere Pseudo-Paradiese in meinem Leben.

Ich lebe in einem vor Leben sprühenden Fachwerkhaus mit zahlreichen, wenn auch keinen zahlenden Gästen. Einträchtig nebeneinander bewohnen Meisen, Wespen und Hornissen alte Balkenlöcher. Hausrotschwanz, Amsel und Co. bauen Nester in Regenrinnen oder unters

Vordach und beäugen mich mitfühlend beim Wäscheaufhängen. Wir Hausfrauenmütter verstehen uns. Sie schimpfen bloß, sobald Nachbars Kater, entthront durch den neuen Dackel, seine Streicheleinheiten bei mir einfordert.

Meine Blütenpracht vorm Haus lockt Schmetterlinge, Honigbienen sowie Hummeln an. Bei Dämmerung kann man im Garten Füchse oder Rehe treffen. Ohne Gew(a)ehr, versteht sich. Nachts rufen Käuzchen, fliegen Fledermäuse um Straßenlaternen auf Insektenfang. Tagsüber bejagt ein Mäusebussardpärchen seinen mit Haus-, Feld- und Spitzmäusen reich gedeckten Tisch in der Bachaue. Das früher von meinen Jungs gebaute Floß hat inzwischen eine Bisamrattenfamilie übernommen.

Von Kindheit an liebe ich Astrid Lindgrens Erzählungen, fand als Erwachsene mein eigenes Bullerbü. Bin angekommen. Will nie wieder weg.

Bei mehr Bescheidenheit lebten Adam und Eva samt Nachkommen noch heute im Paradies. Drum die Moral von der Geschicht': Jeder suche, statt suchthaften Schweifens in die Ferne, vor seiner eigenen Tür.

Paradiese gleichen Regenbögen: Läuft man hin, entschwindet eine solch fragile Vision. Bleibt man stehen, entfaltet sich die volle Pracht.

Silke Vogt

Was ist das Glück

„Was ist das Glück,
kannst du' s mir sagen?
Oder muss ich and're fragen?"

„Glück ist
der Duft
nach frisch gemähtem Gras!
Komm zu mir,
ich erzähl' dir was!
Glück ist
Ein Sommertag,
der niemals endet,
ein Schicksal,
das sich plötzlich wendet.
Glück ist
ein Märchen
mit gutem Schluss.
Ein Film,
bei dem ich lachen muss.
Glück ist
Ein Tannenbaum,
der zu mir spricht,
und am Ende eines tiefen Tunnels,
ein warmes, helles Licht."

Dörte Müller

© Dörte Müller

Kindheitserinnerungen

Es war ein kühler Samstagvormittag im Juli, als ich den Liegestuhl über den Lehmweg mitten durch Hortensien und Gemüsebeete bis auf die Wiese im hinteren Teil unseres Gartens schleppte.

Mutter hatte gesagt, dass es ein heißer Sommertag werden würde. Das hätte zumindest der Tagesschausprecher am Abend zuvor angekündigt. Bis zu 32 Grad Celsius waren für den Nachmittag vorausgesagt worden. Das passte gut, denn heute sollte mein zehnter Geburtstag mit der Verwandtschaft gefeiert werden.

Mutters zwei Schwestern, Adelheid und Irene, waren bereits da, um ihr beim Backen der Kuchen und Torten zu helfen. Mich hatte man derweil nach draußen geschickt, damit ich nicht im Weg herumstand.

Das Gras der Wiese reichte mir bis zu den Kniekehlen und würde bestimmt nächste Woche wieder von Opa mit der Sense gemäht werden. Als Lehrer für Biologie an unserem Gymnasium würde er mir dabei, wie immer, erklären, was es über die Natur zu wissen gab. Jetzt aber musste ich vorsichtig durchgehen, damit ich nicht aus Versehen meine neuen, weißen Kniestrümpfe zerriss oder in einen der Ameisenhaufen trat, die sich immer sehr schnell im hohen Gras entwickelten.

Ich stellte den Liegestuhl mit seinen hübschen blau-weißen Längsstreifen nahe der Grenze zum Nachbargrundstück auf. Diese Ecke des Gartens mochte ich besonders gern: die großen Rhododendron- und Azaleenbüsche hinter mir, die duftende, mit allerlei Blumen übersäte Wiese vor mir und den Blick auf die Rückseite unseres Hauses gerichtet. Ein echtes Paradies für Hummeln, fleißige Bienchen, Schmetterlinge aller Farben und für die Vögel, die von den Obstbäumen überall auf der Wiese zwitscherten.

Ich legte mich auf meinem Liegestuhl in die Sonne, schloss die Augen und lauschte den Geräuschen der Natur.

Das Klappern eines Zinneimers, der beim Nachbarhaus mit Wasser gefüllt wurde, mischte sich mit dem Summen der Bienen, dem leisen Rascheln der Blätter im Wind und den Wortfetzen, die durch das geöffnete Küchenfenster unseres Hauses zu mir drangen. Offenbar besprachen Mutter und meine Tanten gerade ihre Backrezepte.

Ein Hauch von Wärme lag in der Luft und ließ immer mehr erahnen, dass der Mann in der Tagesschau mit seiner Wetterprognose recht haben würde.

Ich blinzelte kurz in die Sonne und schloss dann wieder die Augen, um den süßlichen Duft der Blumen und umher stehenden Obstbäume und Gräser tief einzuatmen.

Gedankenverloren strich ich in einer Kraulbewegung mit meiner rechten Hand an der Außenseite meines Kniestrumpfs entlang. Dabei konnte ich das rautenförmig eingewebte Muster fühlen.

Mist! Anscheinend war ich doch beim Durchqueren der Wiese mit dem Strumpf irgendwo hängengeblieben! Noch immer die Augen geschlossen versuchte ich, den rausgezogenen Faden zu einem kleinen Knubbel zu drehen, um ihn dann, wie ich es bei meiner Mutter schon mal gesehen hatte, durch eine der Maschen auf die Strumpfinnenseite zu zwängen. Ich zwirbelte das Ding und presste es zusammen, aber ich bekam es einfach nicht so klein, dass es durch das feinmaschige Gewebe hindurch wollte.

Minutenlang ging das so. Schließlich schlug ich unter entnervtem Ausatmen die Augen auf, um die Fussel, egal wie, durchzudrücken!

Huch! Was war das! Sofort riss ich meine Hand aus der Strumpfgegend! Die Augen weit aufgerissen.

Eine Hummel! Ich hielt die Luft an und saß bewegungslos da! Vor Aufregung rauschte mir das Blut im Rhythmus des Herzschlags laut in den Ohren, so dass ich keines der anderen Geräusche mehr richtig wahrnehmen konnte.

Wieso hatte sie sich nicht gewehrt? Was, wenn sie es jetzt tun würde. Bei meiner Kneterei hatte sie es bestimmt nicht geschafft, ihren Stachel in die richtige Position zu bringen und immer ins Leere gestochen. Aber jetzt hatte sie freie Bahn.

Um sie schnellstmöglich loszuwerden, pflückte ich einen langen Grashalm neben mir ab und wollte ihn der Hummel gerade zum Draufklettern hinhalten, da hatte die Gute ihre Gliedmaßen bereits einigermaßen wieder in Ordnung gebracht, breitete ihre, Gott sei Dank, noch intakten, zarten Flügelchen aus, brummte und flog davon. Ich stierte ihr ungläubig nach.

Von Opa hatte ich schon erzählt bekommen, welch friedliche Insekten Hummeln sind. Aber DAS war der Gipfel der Gutmütigkeit gewesen!

Seit dem Tag, immer wenn mir irgendwo auf der Welt eines dieser kleinen, puscheligen Insektchen begegnet, denke ich, fast dankbar, an mein Zusammentreffen mit dieser einen freundlichen Hummel zurück, die mir als kleines Mädchen an jenem frühsommerlichen Samstagmorgen in unserem Garten mit ihrer Geduld ein wunderschönes Geschenk zum zehnten Geburtstag gemacht hatte!

Ilona Black

Mein Paradies auf Erden

heißt ...

... ein Baby selig im Arm zu halten.
... es aufnehmen mit Naturgewalten.
... das Gefühl, wirklich zu Hause zu sein.
... ein schönes Essen bei Kerzenschein.

... Camping im Wohnwagen in Wald und Flur.
... tanzen im Regen, in freier Natur.
... der Blick hinauf in sternenklarer Nacht.
... dass wahre Liebe Herzen glücklich macht.

... lautes Kinderlachen auf dem Spielplatz.
... die Decke teilen mit dem liebsten Schatz.
... mit Kindern über die Wiese rennen.
... ein hübsches Haus sein Eigenheim nennen.

... unter der Dusche lauthals zu singen.
... mit nackten Füßen in Pfützen springen.
... dieses strahlende Lächeln - sonnengleich.
... die graue Bank vor einem Ententeich.

... mit einem Buch entspannt im Gras liegen.
... mit dem Herzen die Vernunft besiegen.
... ein Spaziergang bei Mondschein, Hand in Hand.
... Sonnenaufgang in einem fernen Land.

... Freude spür'n beim Gurren einer Taube.
... Lebensabend in der Gartenlaube.
... ein zufriedenes Dasein voller Glück.
... niemals einen traurigen Blick zurück.

... in Chaos und Hektik kehrt Stille ein.
... dieses Gefühl niemals allein zu sein.
... wenn mein Kind sagt: „Mama, ich hab dich lieb."
... dieses Gedicht, das ich nur für dich schrieb.

Susann Scherschel-Peters

Odyssee ins Paradies

Tropische Hitze, die Luft so dick als könnte man sie schneiden. Die Strahlen der hochstehenden Mittagssonne brennen sich in die nackte Haut wie heiße Klingen.

Vor uns liegt ein langer Weg. Die Augen immer auf das Ziel fokussiert. Die Beine werden langsam schwer wie Blei. Jeder Schritt wird zur Qual. Hitzeflimmern lässt die Welt in der Ferne wirken wie ein Planet, getaucht in lodernde Glut.

Wir sind davon umzingelt, es gibt kein Entrinnen. Dennoch bahnen wir uns unseren Weg. Getränkt von heißem Schweiß, klebt und reibt die Kleidung am Körper.

Wir haben die Zeit aus den Augen verloren. Der Sand rauscht durchs Minutenglas. Wie lange wir schon unterwegs sind? Viel zu lange ... Sekunden und Minuten verschwinden von unserer Lebensuhr, doch noch immer keine rettende Oase in Sicht.

Das Gefühl des Durstes wird unerträglich, der Mund trockener als der staubige Boden. Die Zunge haftet am Gaumen, sprechen scheint unmöglich.

Plötzlich stellen sich die ersten Magenkrämpfe ein. Hunger überkommt uns auf schmerzvolle Art und Weise, als hätten wir seit Tagen keine Nahrung zu uns genommen.

Unsere Augen schweifen musternd hin und her, das Flimmern in der Ferne, der heiße Boden brennend unter unseren Füßen. Worauf haben wir uns da eingelassen?

Wie aus dem Nichts erscheint am flimmernden Horizont eine grüne Oase. Eine Fata Morgana? Das erhoffte Paradies? Unsere Schritte werden schneller. Das Ziel rückt näher. Schritt um Schritt nähern wir uns an. Das Flimmern wird weniger, das Ziel deutlich erkennbarer. Freude breitet sich in uns aus, wie ein Funke in trockenem Gras. Wir können unser Glück kaum fassen, es ist real.

Ein großer Torbogen nimmt uns in Empfang. Wir treten ungläubig hindurch ins große, weitläufige Innere.

Hohe Laubbäume durchfluten das Innere mit kühlendem Schatten. Eine leichte Brise berührt uns sanft. Kalter Schauer, verbunden mit Gänsehaut überkommt uns.

‚Endlich angekommen', denken wir uns.

Die Qualen der Reise beinahe vergessen, setzen wir unsere Schritte weiter fort ins Innere, vorbei an dutzenden, weiteren Personen, eventuell Reisende wie wir, vielleicht Flüchtlinge der tropischen Hitze, wir wissen es nicht.

Viele Nationen treffen sich an dieser Oase, um sich von den Strapazen des Lebens zu erholen, oder einfach nur, um sich zu Unterhalten.

Wir fühlen uns direkt wohl, und suchen uns einen Platz, umringt von den anderen. Lassen uns gemütlich nieder, auf einer der zahlreichen, hölzernen Bänke und lassen das Erlebte erst einmal sacken.

Unsere Nasen füllen sich mit diversen Düften. Es riecht nach Natur, gepaart mit dem Duft von gebratenem oder gegrilltem Fleisch, nach dem einen oder anderen Parfüm und nach frischen Backwaren.

Unsere Augen schweifen durch die Anlage. Die Leute hier scheinen alle so glücklich und lebensfroh. Die riesigen, alten Bäume singen und schwingen leise im Wind.

Unsere Ohren vernehmen leise Gespräche, klirrendes Geschirr, knirschende Schritte auf dem Kiesboden, gepaart mit dem sanften Rascheln der Blätter im Wind, unterbrochen von manchem lieblichen Vogelgesang.

Wir haben unser Paradies gefunden. Hier wollen wir die nächsten Stunden verweilen.

Weitere Momente, in denen sich ein Gefühl von Entspannung in uns ausbreitet, vergehen, als plötzlich eine Frau mit kräftigen Armen sich unserer Gruppe nähert.

„Was kann ich euch bringen", fragt sie mit gewohnt strengem, bayerischen Ton.

Wir offenbaren ihr der Reihe nach unsere Wünsche, die sie eifrig notiert.

Nach einigen Minuten kehrt sie zurück, bepackt mit goldgelbem Gerstensaft in großen, transparenten Krügen aus Glas.

Beschlagen von der Kälte des Bieres stehen die Krüge vor uns. Eisige Wassertropfen perlen an der beschlagenen Außenseite ab. Der weiße Schaum ragt über die großen Trinkgefäße weit hinaus.

Plötzlich hebt einer am Nachbartisch seinen Krug und ruft laut ‚Prost'. Jeder weiß, wozu er mit diesem Ruf auffordert. Dutzende Krüge werden in die Höhe gerissen, in Richtung des weiß-blauen Himmels. Ein lautes Klirren durchdringt die Umgebung, als das dicke Glas der Krüge sich in der Höhe berührt.

Der kalte, gerundete Rand des Glases berührt unsere trockenen Lippen, der eiskalte Gerstensaft flutet unsere Rachenhöhle und bahnt sich seinen Weg weiter in unseren Magen.

‚Welch eine Wohltat', denken wir uns, da bringt die Frau auch schon die Porzellanplatten mit den Speisen.

Diverse Köstlichkeiten werden vor uns ausgebreitet. Beim Anblick der Auswahl auf dem Tisch füllt sich unser Mund mit Speichel. Endlich können wir unseren Hunger und die damit verbundenen Magenkrämpfe bekämpfen.

Jeder von uns packt sich eine Besteckgarnitur aus dem steinernen Krug vor uns und beginnt, sich seinen Bauch zu füllen.

Geräucherter Schinken, Käse, frischer, gesalzener Rettich, eine halbe gegrillte Haxe und Makrele, gegrillt am Stock, um nur einige der Speisen beim Namen zu nennen.

Ein Geschmackserlebnis der besonderen Art, das uns hier bereitet wird. Das muss das irdische Paradies sein. *Das Land in dem Milch und Honig fließt*, heißt es in der Bibel.

Für uns ist das der nahegelegene Biergarten. Eine Oase, inmitten der kargen Betonwüste der Großstadt, die uns zum Verweilen einlädt, uns den stressigen Alltag vergessen lässt und uns ein Gefühl von Urlaub vermittelt.

Hier haben wir schon zahlreiche Stunden verbracht, getrunken und gelacht und es werden noch Viele folgen …

Stefan Ehrl

Wünsche

Ich wünsche mir von Gott für diese Erde,
dass er das Paradies neu möchte schenken,
in dem die Menschen aneinander denken
und keine Waffe mehr erfunden werde.

Die Liebe wird das Geld gerecht verteilen.
Wer viel besitzt, wird dadurch längst nicht arm,
den Armen aber wird im Winter warm
und Güte wird statt Gier die Welt ereilen.

Gott möge mir die Wünsche nicht versagen,
die Welt ist voll von Kriegsgeschrei und Klagen.
Wer Macht besitzt, der lenke endlich ein.

Von einer heilen Welt ist nichts geblieben,
die Kugeln Städte, Dörfer, Leiber sieben.
Allein die Hoffnung greift nach Sonnenschein.

Mirko Swatoch

Ein Paradies?

Das gibt's doch überall

Der zehnjährige, neugierige Jonathan wird von seiner Mutter für ein paar Wochen Ferien zu Oma und Opa nach Stuttgart gefahren.

Kaum ist Mama weggefahren, fragt er Opa Berthold:

„Hi, Opi, letztes Jahr hast du mir versprochen, dass wir das Paradies suchen!"

„Tja, Nathi, machen wir", lächelt der und zeigt auf die zwei Lexika, die Stadtpläne, auf Zeitschriften und Auszüge der Tageszeitungen, welche er auf dem großen Schreibtisch vorbereitet hat.

Jonathan hat schon von einer Google-Suchmaschine gehört, war aber damit einverstanden, dass er aus Büchern, Zeitschriften und der Tageszeitung besser abschreiben kann.

Draußen treibt ein heftiger Wind die Regentropfen ans Fenster. Die Schreibtischlampe brennt und der Junge schlägt nach im Duden: ‚Die sinn- und sachverwandten Wörter'.

Auf Seite 499 findet er das Wort: Paradies. Das Ergebnis notiert er sich.

Auch im Duden ‚Das Herkunftswörterbuch' sucht er Hinweise zum Paradies. Auf Seite 509 findet er zwischen *Parade* und *paradox* das Wort Paradies.

Ganz schön kompliziert, das Wort. Er notiert: Paradies ist das biblische Wort für den Garten Eden. (Was ist der Garten Eden?) Ursprünglich bedeutete das Wort im Griechischen: Tiergarten, Park, aber auch Einzäunung.

Und die verwandten Wörter, welche - wie Opa Berti sagt - mit bedacht werden müssen, notiert er: (Garten) Eden (das biblische Wort dafür), *Elysium*, *Gefilde der Seligen*.

„Das ist zu schwer für mich, ich bin noch nicht konfirmiert!" meint er kopfschüttelnd. Dann schreibt er weiter: *Fabelland*, *Himmel*, *Tummelplatz* und das Gegenteil: *Hölle*.

Jonathan hat noch andere Begriffe gefunden: *Refugium* (Opa spricht auch von seinem Refugium und meint damit seinen geliebten Garten hinter dem Haus). *Zuflucht (-s-ort)*, *Versteck*, *Schlupfloch*, *Schlupfwinkel*, *Wohnsitz*.

Auch zu *Fabelland* findet er schöne Beschreibungen: *Wunderland*, *Märchenland*, *Utopia*, *Dorado*, *Eldorado*, *Arkadien*, *Schlaraffenland*, *das Land, wo Milch und Honig fließt* - und ein *Paradiesvogel* ist wohl ein besonderer Mensch oder ein sonderbarer Vogel, sagt das Lexikon.

Letzte Woche war er mit Mutter auf dem Markt und hat gehört, wie Erwachsene zu den roten, runden Dingern *Paradiesäpfel* sagten. Seine Mutter nannte diese *Früchte* Tomaten.

Am nächsten Stand wurden Paradiesfeigen angeboten. Mama erklärte, dass dies eine Südfrucht sei. Probiert haben sie diese nicht. Ob sie süß, süßer oder mehr ist, wissen sie also nicht.

Mit Opa Berti schaut der Junge verschiedene Zeitungsartikel durch: von Stuttgart neckarabwärts und neckaraufwärts bis über Tübingen hinaus, gibt es viele Streuobstwiesen. Oft liest man in der Tageszeitung, dass es sich dabei um verschiedene Streuobstwiesenparadiese handelt.

Verschiedene Kinderspielplätze im Freien und in Hallen werden als Spielparadies oder Kinderparadies bezeichnet. In bunten Prospekten werden von großen Gärtnereien Blumenparadiese und Gartenparadiese angeboten. Einkaufsparadiese nennen sich große Kaufhäuser und Einkaufszentren.

In der Beilage zur Tageszeitung wird in großer, bunter Schrift auf ein Möbelparadies hingewiesen.

Ins Gummibärenparadies oder ins Badeparadies ließe sich Jonathan sofort einladen.

Ob die Echsen und Schlangen im Zoo wissen, dass sie im Reptilienparadies wohnen?

Opa und der Junge blicken sich an. So viele verschiedene Paradiese?

Opa zeigt noch andere Zeitungsausschnitte: Das Landestheater spielt in dieser Session den Dinner Krimi: *Mord im Paradies* und die in Stuttgart lebende Ulla Lachauer hat ein Buch geschrieben über die Lebenserinnerungen der Bauerntochter Lena G. mit dem Titel: *Paradiesstraße*

„Noch mehr Paradies?", Jonathan sieht zu den Straßenkarten hinüber und sein Opa lacht.

„Ja, es gibt auch Straßen und Plätze mit dem Namen Paradies. Schau'n mer mal".

Da gibt's in Ulm an der Donau eine Paradiesgasse ganz in der Nähe des berühmten Münsters. Auch in Schwäbisch Gmünd und in Konstanz am Bodensee gibt es eine solche Gasse. In Esslingen-Rüdern gibt es den Paradiesweg.

Ein *Im Paradies* gibt es in Reutlingen-Mittelstadt. Das ist eine voll ausgebaute Nebenstraße mit großzügigen Wohngebäuden und circa 50 Hausnummern. An einem Gebäude lesen wir auf einer Hinweistafel: Porzellanpuppenparadies. In diesem Haus werden Porzellanpuppen hergestellt, aufgehübscht und verkauft.

In Wangen im Allgäu gibt's beim Fideles-Beck in der Paradiesstraße Nummer drei die bekannten Laugenbrezeln zum Fleischkäse mit gedämpften Zwiebeln und Bier. Opa erinnert sich, das war zu seiner Jugend schon ab dem frühen Morgen ein Paradies, vor allem für Motoradfahrer aus Nah und Fern.

Weitere Paradiesstraßen finden die beiden in Aichtal.

In Kirchheim an der Teck ist das Jobcenter in der Paradiesstraße 25 untergebracht. Auch in Dettingen an der Teck gibt es eine Paradiesstraße.

Die längste Paradiesstraße in der Gegend ist aber in Stuttgart-Vaihingen. Dort gibt es auch einen Paradiesplatz. Straße und Platz will Jonathan mit seinem Opa aufsuchen, sobald das Wetter etwas freundlicher ist.

Tatsächlich, am nächsten Tag scheint die Sonne. Es ist noch frisch, aber Jonathan hat seinen Fotoapparat und Notizblock schon in der Hand und zusammen mit Opa geht's mit der Stadtbahn nach Vaihingen.

Ob sie in dieser Straße und an diesem Platz ein Paradies finden? Man kann gespannt sein. An der Haltestelle Fauststraße steigen sie aus. Sie müssen ein paar Schritte hochgehen und sind dann an der Paradiesstraße, dort wo die Ernst-Kachel-Straße endet.

Später überquert die Paradiesstraße die Kaltentaler Straße und dann kommt schon der Paradiesplatz. In dieser Straße dürfen die Kraftfahrzeuge nur 30 Kilometer schnell fahren.

Auf einer Seite der Straße darf geparkt werden. An vielen Stellen müssen die Autofahrer bei Gegenverkehr warten. Die Straße ist nicht durchgängig auf beiden Seiten mit Wohnhäusern bebaut. Vereinzelt gibt es Schrebergärten und die Vorgärten der Häuser auf der anderen Seite sind sehr schön angelegt. Am anderen Ende der Paradiesstraße, dort wo die Holzhauer Straße beginnt, welche am Vaihinger Friedhof vorbeigeht, finden wir einen kleinen Hof, auf dem Gebrauchtwagen feilgeboten werden. Die Straße ist ungefähr 139.999 Zentimeter* lang, es gibt circa 150 Hausnummern. Hinweise auf Läden, Gewerbebetriebe auch Dienstleistungen, außer dem Gebrauchtwagenhändler, sind in dieser Straße nicht zu finden.

Der Paradiesplatz ist eine große, grüne Wiese, welche dringend gemäht werden muss, meint Jonathan. Sie ist von mächtigen Bäumen umrahmt. Es gibt acht Hausnummern zu unterschiedlich bebauten Grundstücken. Auf dem Platz ist kein Spielplatz, keine Schaukel, kein Grillplatz, auch kein Gatter für ein langhaariges Pony. Es ist kein Tummelplatz. Nur eine ungemähte Wiese.

Jonathan und sein Opa verlassen den Platz und die Paradiesstraße, fahren mit der Stadtbahn nach Hause. Dort wartet Oma. Sie hat im Garten Kaffee für den Opa, Schokomilch für Jonathan und ihren guten Rhabarberkuchen mit Sahne auf den Tisch gestellt.

„Na, wie war's im Paradies?"

„Och, ganz toll. Aber weißt, auch wenn an der Straße dort Paradies steht, unser Paradies ist hier im Garten bei dir, Oma, mit dem Opa und dem Rhabarberkuchen. Gell."

(*für diejenigen, die sich nicht die Mühe machen zu rechnen: die Straße ist ungefähr ein Kilometer und 400 Meter lang.)

Manfred Breitinger

© Manfred Breitinger

© Manfred Breitinger

© Manfred Breitinger

Liebe und Seelen in Evolution

Von gleicher Gattung
gerade heraus gewachsen
aus allererstem Menschenbeginn
Seelenkonglomerate durchzogen
mit Instinkten
gegossen in zweierlei Leiber
und inmitten ein Glüh'n - eingeatmet
einst aus tausenden Sternen fern.

Im Zeitraffer durchziehen wir
die Evolution und alle Epochen
und das Paradies sprießt uns
aus gemeinsamer Haut
und Organen erblühen rosenrot
und Sinne werden immer feiner
und Augen reifen wie Äpfel
und wachen immer weiter auf.

Im Rhythmus der ersten Stunde
sind wir getacktet im festen Bestehen
stehen in allen Welten
immer auf gleichem Erdenblut warm
mit Wurzeln tief gewebt in die Sehnsucht
mehrfach Herzfrüchte geschält.
Zwei Menschen prall geschwollen
im Garten der Liebe - kosten von ihren Seelen.

Martina Onyegbula

Die Dachterrasse

Es war kalt. Es war so kalt, dass Otto selbst in der Kirche seinen Hauch vor dem Mund sehen konnte. Gegen Ende des Gottesdienstes konnte er seine zittrigen, faltigen Finger schon fast nicht mehr spüren. Er rieb sie aneinander, formte sie zu einer Höhle und blies zumindest für einen kurzen Augenblick etwas wärmende Luft hinein.

„Hier, nimm die", sagte seine Tochter und reichte ihm seine schwarzen Lederhandschuhe, „der Weg zum Friedhof ist lang."

Hier gingen sie nun, Otto und seine Tochter, direkt hinter dem Sarg. Sein Blick war zu Boden gerichtet. Das Schluchzen der Tochter riss ihn aus seiner Starre.

„Ich vermisse Mama so sehr!", rief sie mit weinerlicher Stimme.

Tröstlich legte er seinen Arm um ihre Schultern. Aus seinem Mund kam kein Wort. Er konnte nichts sagen. Was sollte er denn auch sagen? War er doch selbst am Boden zerstört. Seine geliebte Frau, einfach weg. Vor kurzem stand sie noch neben ihm, und nun soll sie in diesem Sarg liegen? Es war ihm unbegreiflich. Vor allem, da die Einzige, die ihn in so einer Situation nur irgendwie hätte aufbauen können, nicht mehr da war.

Als der Trauerzug am Friedhof ankam, begann der Himmel zu weinen. Doch es war viel zu kalt für seine Tränen. Dicke, weiße Schneeflocken fielen auf die Trauernden, das ausgehobene Grab und den Sarg der Verstorbenen hinab. Der Priester sprach ein paar letzte Worte, die Kapelle spielte ein Abschiedslied und der Schneefall wurde immer stärker. Ottos Pelzmütze war schon ganz nass, der Mantel ebenso. Er fror.

Seine Tochter ebenfalls, sie bibberte und zitterte.

Der Totengräber verteilte rote Rosen. Jeder sollte eine ins Grab werfen. Ottos Tochter fand das schöner, als eine Schaufel voll Erde hinabzuwerfen.

‚Ein würdevoller Abschied', dachte Otto, als die Rose immer kleiner wurde und schließlich auf dem hellbraunen, hölzernen Sarg landete.

„Auf Wiedersehen, meine liebste Ingrid."

Als Otto am nächsten Tag aufwachte, roch er den Duft von frischge-brühtem Kaffee. Einen kurzen Moment lang war es so, als wäre Ingrid wieder da. Otto folgte dem Kaffeeduft und fand seine Tochter am Kü-chentisch sitzend vor. Sie hatte Frühstück gemacht. Schweigend saßen sie da und aßen.

„Ich werde mich gleich auf den Weg machen", meinte die Tochter. „Morgen muss ich wieder zur Arbeit und 400 Kilometer bei dieser Ei-seskälte ... das wird sicherlich kein Honiglecken."

„Natürlich, fahr vorsichtig. Und melde dich, sobald du zu Hause an-gekommen bist", erwiderte Otto.

„Mach' ich, Paps. Auf Wiedersehen." Otto bekam ein Küsschen auf die Wange und weg war sie.

„Jetzt sind nur noch wir beide übrig", meinte Otto traurig zu seinem Dackel Waldi. Er hatte Ingrid sehr viel bedeutet, Otto genauso. Sie hat-ten ihn vor zehn Jahren bekommen, da war er ein tollpatschiger Welpe gewesen. Nun war er, wie Otto, schon ein alter Herr.

Die Tage verstrichen. Die Wochen vergingen. Otto war nur ein Schat-ten seiner selbst. Es wurde immer wärmer und der Frost neigte sich allmählich dem Ende zu. Otto registrierte kaum etwas davon, die Woh-nung verließ er gerade mal zum Einkaufen.

Ihm war aber sehr wohl bewusst, dass er sie früher oder später betre-ten musste: Die Dachterrasse. Sie war Ingrids Lieblingsplatz. Im Früh-ling und Sommer verbrachte sie Stunden dort oben. Sie pflanzte wun-derschöne Blumen und kümmerte sich liebevoll darum.

Abends saßen Otto und sie oft gemeinsam mit Waldi zwischen den vielen schönen Pflanzen und sie fühlten sich so, als wären sie im Ur-laub.

Seit Ingrids Tod hatte Otto die Terrasse nicht betreten. Er wollte den schmerzlichen Augenblick nicht weiter hinauszögern und er zwang sich regelrecht dazu, den Weg nach oben anzutreten. Er ging die knarren-den Stiegen hinauf und als er die schwere Tür öffnete, fühlte es sich ganz und gar nicht an wie im Urlaub. Die Terrasse war kahl und leer. Nichts, wirklich nichts daran erinnerte ihn an früher. Ingrid fehlte ein-fach. Sie hatte der Terrasse Jahr für Jahr neues Leben eingehaucht.

Da schnappte sich Otto einen Besen und kehrte den Schmutz weg, das war wirklich dringend notwendig. Er hielt es aber an diesem Platz kaum aus und beschloss, zumindest eine Balkonpflanze zu kaufen, um den verlassenen, tristen Ort ein wenig erträglicher zu machen.

Im Baumarkt angekommen, fand er sich anfangs überhaupt nicht zurecht. Diese Einkäufe hatte immer Ingrid übernommen, hatte er doch von Pflanzen absolut keine Ahnung. Hilflos fragte er eine gestresste Mitarbeiterin nach dem Weg. Diese deutete bloß mit der Hand in eine Richtung.

,Sehr unfreundliches Personal‘, dachte Otto etwas erbost.

Über Umwege fand er aber doch noch in die Gartenabteilung.

„Kann ich Ihnen helfen?“, fragte eine piepsige, freundliche Stimme.

Eine junge Mitarbeiterin stand lächelnd vor ihm.

„Ja, bitte. Ich suche eine Balkonpflanze.“

„Und welche?“

„Puh, ehrlich gesagt kenne ich mich bei Pflanzen absolut nicht aus.“

„Wir finden schon was“, lachte die Verkäuferin. „Wie groß ist denn ihr Balkon?“

Otto erzählte ihr von der Dachterrasse. Auch von Ingrid und sogar von Waldi.

Sichtlich gerührt meinte die Verkäuferin, dass eine einzige Pflanze auf keinen Fall reichen würde. Sie füllte seinen Einkaufswagen mit Grünpflanzen und bunten Blumen in allen Farben.

Wohlwissend, dass Otto keine Erfahrung mit Pflanzen hatte, krakelte sie ihm die Namen der Pflanzen auf einen kleinen Zettel, und wie oft sie gegossen werden mussten.

Als Otto einen Blick auf den vollen Einkaufswagen warf, packte ihn ein Gefühl der Hoffnung und fast sogar ein wenig Begeisterung. So etwas hatte er seit Ingrids Tod nicht mehr empfunden.

Liebevoll gestaltete er die Dachterrasse. Er hegte und pflegte die Pflanzen, kaufte eine Hollywoodschaukel und er fand sogar eine Figur, die aussah wie Waldi. Die Terrasse erstrahlte in neuem Glanz.

Als die Tochter zu Besuch kam, führte er sie mit verbundenen Augen hinauf.

Oben angekommen, nahm Otto seiner Tochter die Augenbinde ab. Sie konnte den Anblick kaum fassen.

„Das hast du gemacht?", fragte sie überrascht und den Tränen nahe. „Mama wäre überglücklich."

Otto und Waldi verbrachten von nun an jeden Abend auf der Terrasse. Die Blumen sprießten und Otto fühlte sich dort befreit und glücklich.

„Hier lebst du weiter, meine liebste Ingrid. Ich hoffe, dir gefallen die neuen Pflanzen", sagte Otto zufrieden in den Himmel und roch an den wunderschönen Blumen. Er hatte eine Welt geschaffen, in der sich seine Trauer in Glück verwandelte. Eine schöne Erinnerung, ein kleines Paradies. Zumindest für eine Weile. Denn vergessen würde er seine Ingrid niemals.

Andrea Brenner

Sternentrost

Empor gen Himmelszelt die Blicke zieh'n
und tauchen ein ins Meer von Lichterpracht,
in dem an Weiten, Weiten sich zerflieh'n
zu ewigkeitsbestillter Schicksalsnacht.

Lass' mit den Blicken zieh'n den Lebensschmerz,
der von verklärten Trauern noch umtost,
bis sich erlöst das erdgebund'ne Herz
an der Fanalgefilde Weltentrost.

Wolfgang Rödig

Zeit der Hühnergötter

„Mama, was sind Hühnergötter?" Mein Sohn steht mit großen, fragenden Augen neben mir und reißt mich aus meiner Arbeit.

„Wie kommst du denn jetzt darauf?", will ich wissen.

„Nur so", bekomme ich zur Antwort.

Hühnergötter, wo zum Kuckuck und in welchem Zusammenhang habe ich das Wort schon mal gehört? Es will mir einfach nicht einfallen.

„Das weiß ich jetzt gerade auch nicht so genau", gebe ich meinem Sohn gegenüber zu. „Das muss ich googeln."

„Dann mach!", fordert mich der kleine Mann auf.

„Später, ich habe jetzt zu tun."

Und so plötzlich, wie er neben mir aufgetaucht ist, ist er wieder aus meinem Zimmer, und in seinem verschwunden.

Hühnergötter. Natürlich vergesse ich das Internet danach zu befragen und auch mein Sohn scheint den Begriff rasch wieder aus seinem Interesse verband zu haben, denn den Rest des Tages spricht keiner von uns das Wort noch einmal aus.

Erst spät am Abend, als ich ins Bett gehe, fällt es mir wie Schuppen von den Augen. Hühnergötter, das sind Steine, durch die, die Zeit mit Hilfe ihrer Gefährten Löcher gebohrt hat.

Diese Erklärung hatte mir vor Jahren jemand gegeben. Jemand. Jemand, den ich seit geraumer Zeit verdrängt habe. Jemand, der mir seither nicht mehr aus meinem Gedächtnis weichen will. Jemand, den ich doch eigentlich tagtäglich um mich haben sollte und von dem ich tagtäglich ein Stück vor Augen habe. Jemand, der mich so tief verletzt hat, dass ich ihn so oft schon nach außen hin verteufelt habe und dem ich doch in meinem Inneren einen festen Platz einräume, in dem bis heute alles Schöne und Gute bewahrt ist, was mir damals so lieb und teuer war. Auch die Hühnergötter.

Schnell wische ich die Erinnerungen und Gefühle wieder beiseite. Das beherrsche ich in Perfektion und lege mich schlafen. Doch die Frage meines Sohnes und die Antwort, die sein Vater vor rund sieben Jahren darauf gegeben hat, schleichen sich in meine Träume. Durch die geschlossenen Augenlieder schaue ich, auf dem Rücken liegend, in den Himmel und in die strahlende Sonne. Das Meer rauscht sanft, die Möwen kreischen in der Luft und ich höre ein paar spielende Kinder lachen. Seine Hand streichelt mir zärtlich über den Kopf. Er lässt meine wilden Locken durch seine Finger gleiten und küsst von Zeit zu Zeit meine Stirn und meine Wangen. *Ich liebe dich*, ist der einzige Gedanke, den ich habe und vollkommene Zufriedenheit das Gefühl, das mein Körper und meine Seele beherrscht. Stundenlang liege ich so in seinem Schoß, wochenlang schon beschert er mir diesen Zustand des Glücks.

„Sieh mal", sagt er zu mir, „das hier ist ein Hühnergott." Er hält mir einen schwarz-weißen Stein mit einem kleinen Loch in der Mitte vor das Gesicht.

Mit einem Auge blinzle ich hindurch, beobachte den leichten Schaum auf den Wellen, deren Kronen im Sonnenlicht glitzern und will genau wissen: „Wieso ist das ein Hühnergott?"

„Wegen dem Loch. Hühnergötter sind Steine, durch die die Zeit mit Hilfe ihrer Gefährten ein Loch gebohrt hat."

„Und was hat das Ganze mit Hühnern zu tun?"

„Na ja, die Löcher sind heute dazu da, damit Hühner, wie du, hindurchschauen können."

„O warte", rufe ich und schon beginnt eine kurze, rasante Verfolgungsjagd im weißen Sand, rund um unser dort aufgeschlagenes Picknicklager, bis wir beide lachend und aus der Puste wieder auf der hellgrünen Decke liegen. *Ich liebe ihn*, denke ich erneut.

Als die Sonne beginnt vom Himmel zu weichen, beschließen wir ein Lagerfeuer zu machen. Während er große Steine für die Umrandung der Feuerstelle im Sand zusammenträgt, gehe ich am Wellensaum auf und ab. Von den Hühnergöttern gibt es hier jede Menge. Ich fange an sie zu sammeln und neben der Decke aufzureihen. Die meisten haben nur ein etwa Nadelöhr großes Loch, durch das man höchstens eine dünne Angelschnur fädeln könnte. Aber dann finde ich doch noch einen besonders schönen Stein, mit einem ebenso großen Loch, wie das, was er mir vorher gezeigt hatte. Diesen Stein stecke ich in meine Hosentasche, da ich beschlossen habe ein Lederband hindurch zu ziehen und ihm das Mitbringsel als Erinnerung um den Hals zu hängen, wenn wir wieder im Alltag angekommen sind.

Der Alltag ist eine eigenartige Sache, von dem ich schon viel zu lange hoffe, dass er sich bald ändern wird. Zwar sehen wir uns nahezu jeden Tag und doch verbringen wir so wenig Zeit miteinander, dass man von einer echten Beziehung kaum sprechen kann. Obwohl er sich von seiner Ex getrennt hat, bin ich noch kein einziges Mal in seiner Wohnung gewesen. Sie habe noch viele Sachen von sich dort und er wolle nicht, dass ich mich deshalb dort unwohl fühlte. Außerdem wolle er ihr noch etwas Zeit lassen, um die Trennung zu verarbeiten. So viel Rücksichtnahme rechne ich ihm hoch an und doch macht mich das ewige Warten sehr ungeduldig.

Weil er dies weiß, verwöhnt er mich mit allem, was mir gefällt. Jeden Wunsch liest er mir von den Augen ab. Auch mit diesem kurzen Trip an die See hat er mich sehr glücklich gemacht, denn endlich kann ich den ganzen Tag mit ihm verbringen. Abends neben ihm einschlafen und morgens neben ihm aufwachen, mit ihm reden wann immer ich will, nicht nur am Telefon oder per SMS, seine Hand halten, wann immer ich will, ihn küssen, wann immer ich will.

Nachdem er genug große Steine gefunden hat, sucht er nun nach trockenem Schwemmholz. Hühnergötter finde ich mittlerweile an unserem Strandabschnitt kaum noch, dafür aber viele Steine, die schon fast durchlöchert sind. Diejenigen, die die größten Chancen haben in relativ kurzer Zeit komplett ausgeschwärmt zu werden, werfe ich ins Meer. Beschwörend rufe ich ihnen den Satz nach: „Werde ein Hühnergott!"

Er beobachtet mich und schmunzelt über mein zeremonielles Ritual, das ich leicht, wie eine Tänzerin vollführe und das ziemlich komisch aussieht, wie ich kurz darauf durch ein kleines Video auf seinem Smartphone erfahre. Gut, dass die anderen Strandbesucher schon gegangen sind. Nur einmal kommt noch ein Spaziergänger mit seinem Hund an uns vorbei. Der neugierige Golden Retriever macht einen kleinen Abstecher zu unserer Picknickdecke, schnüffelt erst interessiert an den Hühnergöttern und dann noch an unserem Rucksack, der ein paar Leckereien enthält, die auch ihm sicher gut geschmeckt hätten, und flitzt sogleich, nach einem kurzen Pfiff seines Herrchen, davon.

„Wir können uns doch auch einen Hund kaufen", höre ich ihn hinter mir sagen.

Wir. Dieses Wort ist für mich in diesem Moment das größte Glück. Ich bin kein kurzes Vergnügen für ihn, kein Trostpflaster nach der gescheiterten Beziehung zu seiner Ex, kein Anflug von Midlife-Crisis. *Wir*, das ist Zukunft, das sind gemeinsame Pläne, das ist Liebe. In Liebe verbringen wir gemeinsam die Nacht am Strand bis zum Sonnenaufgang.

Von ihm eng umschlungen und in die grüne Decke gehüllt, erwache ich mit den ersten Strahlen des Lichts, die das Meer erneut zum glitzern bringen. Und der sanfte Wind fährt mir durch die zerzausten Haare, über die auch er wieder seine Hände gleiten lässt.

Niemals hätte ich in diesem Moment geahnt, dass es das letzte Mal sein sollte, dass er mein Haar streichelt, dass dies das letzte Mal sein sollte, dass er mich im Arm hält, dass dies das letzte Mal war, dass er mich liebte. Danach ging alles ganz schnell, der Job in Amerika, die Trennung, die Versuche ihn durch die Offenbarung meiner Schwangerschaft zu halten, die Nachricht, dass er mit seiner Ex die nächsten Jahre in den USA leben werde, die Briefe von Anwälten, Notaren, dem Jugendamt.

Hühnergötter. Aufgeregt und mit klopfendem Herzen schrecke ich aus dem Schlaf empor. Einen Moment brauche ich noch, um mich zu fassen, dann knipse ich die Nachttischlampe an und hole den Stein am Lederband aus dem Kästchen unter meinem Bett.

„Mama, was ist denn mit dir?" Mein Sohn steht in der Tür.

„Es ist alles in Ordnung, mein Schatz. Ich habe nur geträumt."

Schnell schlüpft der kleine Mann in mein Bett und zu mir unter die Decke.

„Was hast du da in der Hand?", fragt er mich.

„Das ist ein Hühnergott."

Hille Hold

145

Nordische Gedankenreise

Kühle Gedanken trieben mich alsbald nach Norden
Wo manches Liebesbündnis zu friedsamen Fjorden
In stiller Zeugschaft flüchtiger Gebirgsskulpturen
Vom stoischen Seemanne abermals beschworen

Bloß milde Klänge, gleich einem lieblichen Flüstern
Durchdringen Täler, welche mitteilsam, doch schüchtern
Als Hort und Heimat sämtlich besonnener Seelen
Aus dem Dickicht entbrannter Hochkultur sich stehlen

So schweift durch jene der Zeit entrissenen Sphäre
Ein kräftiger Atem fernab brodelnder Meere
Fürwahr verdankt Leben in solchen Paradiesen
Der wohlwollenden Gunst ozeanischer Riesen

Tobias Schmitt

Kamille, Klatschmohn

und Konrade

Oftmals liegt auf unseren unvergesslichen Erinnerungen ein Zauber, dem wir uns nur schwerlich entziehen können.

Ein kleiner Ort meiner Kinderzeit, den man heute nur noch in alten Landkarten verzeichnet findet, gehört dazu. Ein Dorf, umgeben von Wäldern und Seen, Feldern, Pferdekoppeln und mit acht Schwengelwasserpumpen wie Überlandleitungen für den Strom. Das Wasser aus den Pumpen hatte eine Temperatur von durchgehend zwölf Grad, war klar und schmeckte wunderbar frisch.

Es klingt unlogisch, doch wir Kinder ließen an heißen Sommertagen durchaus unsere Brause stehen und tranken lieber das erfrischende Brunnenwasser.

Statt Süßigkeiten gab es frisches oder eingewecktes Obst, da die nächste Einkaufsmöglichkeit etwa einen Kilometer entfernt lag. Zudem gab es nur zwei Telefone im Ort, einen Dienstapparat für die Forst und einen Öffentlichen in einem Privathaushalt.

Jede Familie im Ort besaß ein kleines Gartenstück, wo Kartoffeln, Kohlraben oder Tomaten angebaut wurden und in dem Obstbäume wie Beerensträucher standen. Hühner, Gänse und Puten waren kein seltenes Bild. Manch einer besaß sogar Kühe oder Schweine.

An einem Sommertag gelang es den Gänsen vom gegenüberliegenden Nachbarn auszubüchsen. Unglücklicherweise lagerten sie direkt vor dem Gartentor meiner Großmutter, um sich zu sonnen. Sie ließen mich weder raus-, noch später wieder reingehen und zischten böse oder liefen hinter mir her. Ich nahm die Herausforderung an und rannte um das Haus und über den Hof zurück.

Glücklicherweise verlor der Ganter rasch die Lust mir hinterherzujagen, vielleicht wollte er auch die Damenwelt nicht zu lange unbeaufsichtigt in der Sonne sitzen lassen ...

Fische angelten wir am See hinter dem Haus. Manchmal durften wir auch mit dem Fischer im Boot herausfahren, wenn er die Reusen kontrollierte. Brassen, Barsche, Plötze und Rotfedern fingen wir fast immer. Mit Glück und Geschick auch einen Aal, Hecht oder Zander. Wenn wir mit unseren Fischen vom See kamen hieß es: „Ausnehmen und Entschuppen, dann dürft ihr sie braten". Unsere Großmutter war da recht streng. „Nur so lernt ihr, wie viel Arbeit alles macht", sagte sie uns.

An Samstagen wurden Forellen und Aale geräuchert, die der Fischer dann verkaufte.

Das Säubern von Kaninchen- und Hühnerställen war unter uns Enkelkindern aufgeteilt. Erst die Arbeit dann das Vergnügen lautete Omas Devise.

Lange Zeit wurden früh morgens vor sieben Uhr die Milchkannen zur Sammelstelle an der Dorfkreuzung gebracht, sowie am Abend gegen sechs Uhr abgeholt. Alle Erzeugnisse waren frisch von den umliegenden Höfen: Milch, Quark, Sahne und Käse.

Als Kind faszinierte mich die Freiheit dieses Ortes. Später war es die Schlichtheit mit der die Menschen lebten und ihre Nahrungsmittel erzeugten. Oft genug waren wir Kinder mit auf dem Kartoffelacker um die restlichen Kartoffeln auszugraben, die von den Maschinen nicht erfasst wurden.

Das Konservieren von Obst und Gemüse, das Einstampfen von Sauerkraut für den Winter wie das Verkochen von Marmeladen bedeutete nicht nur Vorräte anlegen, sondern auch Freude am Gelingen zu haben, ohne die damit verbundene Arbeit in den Vordergrund zu stellen.

Unsere Großmutter war heilkundig. Sie gab ihr Wissen an uns weiter. Für mich als Stadtkind eröffnete sich eine andere Welt, mit einem Wissen, welches ich staunend und wissbegierig aufsog. Dazu gehörten Kniffe und Tricks, wie man Schädlinge mit natürlichen Mitteln im Garten bekämpft, um später alle Nahrungsmittel weiterhin mit Genuss essen zu können. Aber auch wie man aus Gräsern oder Unkräutern Jauchen, Auszüge oder Brühen herstellt, um Läuse und Kartoffelkäfer zu vertreiben.

Ein Spitzwegerich-Blatt als Pflaster auf einen Insektenstich gelegt, so dass der Saft austritt, verhindert im Anfangsstadium Schwellung und größeren Juckreiz.

In dieser Zeit habe ich erfahren wie wenig man braucht, um zufrieden oder glücklich zu sein. In diesen Sommertagen lebten wir im Einklang mit der Natur und zehrten in den Winterferien von unseren selbst angelegten Vorräten wie Marmeladen, eingeweckten Früchten und Pilzen sowie den eingelegten Gurken. Nach Allerheiligen servierte Oma das erste Sauerkraut zum Sonntagsbraten.

Rückblickend kann ich sagen, zwischen Blumensträußen und Blütenkränzen aus Korn, Kamillenblüten, Klatschmohn und Kornraden, den Wäldern und der Streuobstwiese am See in der Schwinzer Heide, lag mein persönliches Kindheitsparadies, in dem die Zeit stillzustehen schien.

Doch die Zeit hat auch diesen idyllischen Ort erobert. Von seinem einstigen Charme erzählen leider nur noch wenige Bauerngärten und ein verfallener Feuerturm im Wald am Ortsausgang.

Dorothea Möller

Das Eine

Ein Wort
Ein Satz
Ein Buch
Soll mir sein mein Zufluchtsort.

Gehört, gesehen, gesagt
Gelesen, geschrieben, genannt
Doch
Noch nicht erkannt.

Das eine Wort
Der eine Satz
Das eine Buch
Wird mir sein mein Heimatort.

Ingeborg Henrichs

Wälder der Vergangenheit

„Okay, nur noch ein paar Schritte", flüsterte Konrad in mein Ohr, „dann darfst du schauen!"

Mein Herz pochte mir bis zum Hals. Ich hatte keine Idee, was die große Überraschung sein konnte. Überhaupt fühlte ich mich auf ein Podest gehoben.

Zum dreißigsten Geburtstag hatte ich mir eigentlich nicht viel erwartet. Vielleicht einen Ausflug nach Klein-Atlantis. Seit der Neueröffnung hatte ich keine Möglichkeit gehabt, einen U-Boot-Trip zu unternehmen, aber das? Wir waren ganze zehn Minuten im Taxi gesessen, ein Stück über einen Kiesweg gegangen. Immer waren meine Augen verbunden gewesen.

Endlich öffnete er eine Tür und wir verließen den windigen Märzmorgen. Die Luft war plötzlich feuchter und wärmer, aber in keinster Weise unangenehm.

„Du darfst jetzt schauen", meinte Konrad.

Ich spürte förmlich seine eigene Vorfreude. Dann band er das Tuch los und ich öffnete vorsichtig die Lider, nur um sie im nächsten Moment weit aufzureißen.

Es hatte mir die Sprache verschlagen. Ich stand in einem kleinen Wald - nun ja, Wald war vielleicht übertrieben, aber bestimmt zehn Bäume standen um mich herum und es war echtes Gras unter meinen Füßen.

„Konrad!", brachte ich schließlich hervor, „das ist viel zu viel!"

Er lächelte glücklich, als er die Tränen sah, die mir voll Freude über die Wangen liefen.

„Das ist ein echtes Gewächshaus mit zehn verschiedenen Bäumen! Ich weiß, das hast du dir gewünscht, seit deine Oma gestorben ist. Immerhin hatte sie noch solche Bäume im Garten und jetzt hast du auch welche!", erklärte er freudig, „du weißt gar nicht, wie schwer es ist, an so etwas zu kommen. Dadurch, dass die Steel-Trees viel effizienter arbeiten, wollten sie gar keine einzige Fläche mehr für natürlichen Bewuchs hergeben. Aber ich habe dieses kleine Gewächshaus gefunden und die Besitzerin angebettelt, es mir zu überlassen und - eigentlich war es schon für Weihnachten geplant, aber es hat gedauert. Naja, die alte Frau ist gestorben und ihre Kinder können mit so etwas nichts anfangen, also habe ich es dann sogar recht günstig bekommen!" Konrads Stimme überschlug sich beinahe vor Freude darüber, dass er das perfekte Geschenk für mich gefunden hatte.

Eine Weile brachte ich kein Wort heraus, während er mich erwartungsvoll ansah, dann hauchte ich ein „Danke" und ließ meine Finger über die Stämme neben mir gleiten.

Schnell zog ich mir auch die Schuhe von den Füßen, um das Gras zu spüren - so wie es mir meine Großmutter erzählt hatte. Ich war vollkommen überwältigt - die Luft fühlte sich besser an, mein Herz begann ruhiger zu schlagen. Es war der Himmel! Kein Wunder, dass meine Großmutter ohne ihren Garten zugrunde gegangen war. Jetzt verstand ich. Es fiel mir wie Schuppen von den Augen. Wie konnte unsere Regierung uns dieses Gefühl stehlen?

Ich schluckte. Natürlich war das ein absurder Gedanke. Bei unseren hohen Schadstoffausstößen mussten effizientere Luftreinigungsanlagen her als herkömmliche Bäume. Aber zum ersten Mal fühlte es sich komplett falsch an.

„Konrad? Fühlst du das auch?", flüsterte ich und drehte mich zu ihm um.

Er lächelte mich vom Boden aus an, denn dort saß er einfach so im Gras, den Rücken gegen einen Baum gelehnt. Vorsichtig lächelte ich zurück, denn ich wusste, wir dachten dasselbe.

„Die Vorbesitzerin hat auch Gartenwerkzeug besessen, falls du auch ein Beet, oder so, anlegen möchtest. Ihre Kinder meinten, sie hat es nie benutzt. Steht ganz hinten in der Ecke", erklärte er mir. „Mann, das war ein tolles Geschenk von mir", fügte er noch einmal grinsend hinzu.

Ich tapste vorsichtig durch das Gras. Die Halme kitzelten mich an den Sohlen und es gefiel mir. In einer Ecke sah ich einen alten Erdapfelsack. Aus ihm ragte eine Spitze heraus. Ein kurzer Schrei entkam mir.

„Das sind ja Waffen!", rief ich entsetzt zu Konrad.

Er grinste weiter: „Ich wurde gewarnt. Anscheinend war das das Werkzeug früher. Sollten eigentlich keine Waffen sein."

Ich sah skeptisch von ihm zu den Hacken und zurück. Vorsichtig nahm ich schließlich eine heraus. Damit konnte man immensen Schaden anrichten. Irgendetwas daran faszinierte mich allerdings auch, und ich begann einen Gegenstand nach dem anderen aus dem Sack zu nehmen, bis sie alle im Gras lagen.

Etwas Weißes leuchtete mir jedoch noch entgegen.

„Was ist das Weiße da?", fragte ich Konrad.

Widerwillig stand er auf und lugte an mir vorbei in den Sack.

„Keine Ahnung", er zuckte mit den Schultern und machte keine Anstalt es herauszunehmen.

Ich nahm all meinen Mut zusammen und zog das weiße, flache Etwas heraus. Es raschelte ein wenig und schien nicht gefährlich zu sein. Irgendetwas hatte es jedoch an sich und ich drehte es und wendete es und plötzlich klappte es auseinander.

„Das ist ein Text! Aber die Buchstaben sehen komisch aus und ... Oh du meine Güte, das ist mit der Hand geschrieben! Ich weiß gar nicht, wie das geht", murmelte ich, mehr zu mir selbst als zu Konrad. Aber seine Neugierde war geweckt und er begann mit mir mitzulesen:

Liebe neue Besitzerin / lieber neuer Besitzer!

Dies ist mein Paradies, gib gut darauf acht! Wer weiß, wie lange ich schon tot bin, bevor das jemand findet, aber ich hoffe, es geschieht erst dann, denn davor könnte es mich in eine ausgesprochen schlechte Lage bringen.

Dieses Gewächshaus ist eines der letzten seiner Art, aber wir arbeiten seit langem daran, die Bäume zurückzubringen. Wenn du das hier liest, bist du bereits zwischen meine Schützlinge getreten, hast die wunderbare Luft gerochen, das Gras gespürt. Dir ist das

Paradies begegnet und früher war dieses Paradies für jeden da.

Es ist ein Mythos, dass Steel-Trees effizienter oder gar gesünder sind. Ein Mythos, um die Baubegierde zu stillen und gegen uns zu arbeiten - wir Baumknutscher, wir Naturliebhaber, wir Feinde der Revolution - wir gefährden das neue System und wir identifizieren uns mit der Natur, mit den Wäldern, mit dem Lebensstil vor vielen Jahren.

Aber du, der/die du nun dieses Gewächshaus betreten hast, weißt, was es heißt, richtige Luft zu atmen, richtiges Gras zu spüren, richtige Rinde zu streicheln. Wir, die Dentrophile Naturvereinigung, kämpfen gegen das Regime. Wir kämpfen für eine bessere Welt, gegen den Fortschritt in die falsche Richtung. Wir kämpfen für eine Zukunft, in der unsere Kinder alleine hinaus in die Welt laufen können, ohne dass ihnen etwas geschieht. Wir kämpfen für die Rückkehr zur Natur, die Wiederbewaldung, die Abschaffung der künstlichen Bäume, künstlichen Seen, künstlichen Welten. Wir wollen weg von der Kultur und zurück zur Natur.

Du, der/die du das liest, hast gespürt, was das bedeutete, hast gespürt, dass es gut und richtig ist. Es ist deine Aufgabe, dieses Gefühl weiterzugeben und dafür zu kämpfen, dass die Welt erneut erblüht.

Ich hoffe, du hast Verständnis, ich hoffe, du führst meinen Kampf weiter!

Voller Euphorie und Zuversicht,

Juliane

Ich legte den Brief nieder. In mir verkrampfte sich alles. Es war Hochverrat. Es war das Schlimmste, das ich jemals gelesen hatte und doch - etwas in mir, ein kleines, leises Stimmchen gab dieser unbekannten, toten Juliane recht.

Der Konflikt trieb mir Tränen in die Augen. Hilfesuchend sah ich zu Konrad. Seine Augen leuchteten. In ihm tobte kein Kampf, in ihm war Entschlossenheit zu handeln. Er war ein Kämpfer. War ich es auch?

Viola Rosa Semper

Vogelhäuser Stahlbaum Skulptur North Carolina

Die ganze Welt

Ich habe viele Länder schon bereist,
war in Amerika und Paraguay,
sogar in China, in der Stadt Shanghai.
Ich hab die Erde mehrmals schon umkreist.

Nun weiß ich, wie Insekten man verspeist,
wie hoch der Adler fliegt, unendlich frei.
Ich hörte Wölfe, der Hyänen Schrei,
und sah den Löwen, wie er Beute reißt.

Ich hab so viel von unsrer Welt geseh'n,
dass ich die schönsten Dinge nicht mehr fasse
und überfordert einfach ziehen lasse.

Bescheiden muss ich allerdings gesteh'n,
die ganze Welt ist mir ein Paradies,
wo sie die Spuren in mir hinterließ.

Mirko Swatoch

Was ist schon perfekt?

Ich denke, mit dieser Frage befassen sich viele Menschen, die wie ich erkannt haben, dass wenig im Leben perfekt ist.

Das sogenannte Paradies scheint mit Adam und Eva ausgestorben und wer die Perfektion sucht, wird wohl niemals glücklich. Doch wer sich mit weniger, als der Perfektion zufrieden gibt, der findet sein eigenes Paradies und kann die Lecke akzeptieren, die es aufweist. Und nicht perfekte Paradiese hat jeder in seinem Leben, man muss sie nur erkennen.

Es hatte geregnet, an diesem Morgen. Nicht wirklich viel, doch genug um die Luft feucht, und die Wälder neblig zu machen.

Die grauen Nebelschwaden hatten meine Heimat-Kleinstadt völlig im Dunst verschwinden lassen und die Sitzkissen, die ich auf dem überdachten Balkon hatte liegen lassen, waren klamm. Doch die Nachbarskatze wartete schon tapfer vor der Balkontür, da ihre Besitzer arbeiteten und sie bei mir ein paar Streicheleinheiten erwartete.

Ich ging also hinaus in die feuchte Morgenluft und stellte meinen Kaffeebecher auf den Tisch.

Meine Kuhmilchallergie erlaubte mir neuerdings nicht mehr, meinen Kaffee mit Milch zu trinken und als ich mich zwischen Sojamilch und *schwarz* hatte entscheiden müssen, hatte ich mich für *schwarz* entschieden.

Leider brauchte ein schwarzer Kaffee dreimal so lange um abzukühlen, wie ein Milchkaffee und deswegen kam mir die kühle Brise ganz gelegen.

Die Katze bewegte sich eigenartig über den nassen Balkon und strafte mich mit vorwurfsvollen Blicken, als hätte ich dieses Wetter verbrochen.

Diese Blicke hatte ich eigentlich überhaupt nicht verdient, vor allem, da sie nur zwei Minuten später meine Oberschenkel als Federbett verwendete. Die Katze hatte mich überhaupt schon sehr häufig als Sitzgelegenheit missbraucht, obwohl sie nicht mal ins Haus durfte.

Keine Ahnung, ob meine Nachbarn vom Doppelleben ihres Tigers wussten, zumindest stupste die Katze ihren Kopf an mein Kinn, als wären wir schon jahrelange Mitbewohner.

Ihr Fell war nass, als ich sie streichelte. Eine haarende Katze zu streicheln ist schon schlimm genug, aber eine nasse, haarende Katze ist wirklich eines der Dinge auf meiner *Don't-touch-Liste*.

Die Katze jedoch rollte sich in meinem Schoß zusammen und ließ sich von den nassen Haarmassen, die nun an meiner Jeans und meinem Pullover klebten, nicht stören.

Ich hörte auf, sie zu streicheln, da sie in einen tief entspannten Zustand übergegangen war, und pustete an meinem Kaffee.

Immer noch zu heiß zum Trinken.

Ich sah den Umriss eines Menschen durch die Balkonbrüstung unser Grundstück betreten und kurz darauf kam der Zeitungsbote die Treppe hoch.

„Guten Morgen", grüßte er und reichte mir die Zeitung.

Ich versuchte mich so wenig wie möglich zu bewegen, wegen der schlafenden Katze, doch ich erreichte die Zeitung und grüßte zurück.

Das war das Schöne an einer Kleinstadt. Die Leute grüßten noch. Der Zeitungsbote musterte die nasse Katze auf meinen Beinen und lächelte mitfühlend.

„Das Wetter ist echt grausig", meinte er, bevor er wieder ging.

Ich blickte in die Nebelschwaden über der Stadt und nippte an dem heißen Kaffee, der sich nun entschieden hatte nur noch lauwarm zu sein.

Nein, eigentlich war an diesem Tag nichts grausig. Und als meine Familie zwei Minuten später fragte, ob ich wieder reinkommen wolle, sagte ich: „Nein, nur noch einen Moment."

Ich weiß nicht was es war, was sich in diesem Moment so perfekt anfühlte. Vielleicht die Stille. Oder die gleichmäßig atmende Katze, die einem so viel Vertrauen entgegenbrachte, dass sie auf einem einschlief. Vielleicht auch der lauwarme Kaffee. Es war einfach ein Gefühl, an welches ich gerne zurück denke. Denn es war für Außenstehende wirklich kein perfekter Tag. Aber für mich war es ein nicht perfektes Paradies und es macht mir heute noch klar, dass es nicht auf den Tag, das Wetter oder die Umstände ankommt, sondern auf die eigene Sichtweise.

Sarah Ziegler

Kein Ort,
an dem ich lieber wär'

Wenn die Frische des Morgens
noch in den Bäumen hängt
und die Sonne im Lauf des Tages
sich durch Wolkenkissen zwängt,
liegt der Tau noch auf den Wiesen,
so friedvoll und so unberührt,
ein Tag, das Leben zu genießen,
Natur ihren ganzen Zauber versprüht.

Ist die Sonne nur noch Glut,
in bleierner Mittagshitze,
alles Leben Schatten sucht -
Wärme dringt durch jede Ritze -
vor Mattigkeit kein Vogel singt,
sich langsam dehnt die Zeit,
weil Wärme alles zur Ruhe zwingt,
jede Geschäftigkeit.

Die Mittagsruhe wird gestört,
ein Hahn beginnt zu kräh'n,
ein weiterer sich laut empört -
sie wohl im Wettkampf steh'n!
Amüsiert lieg' ich im Gras,
von diesem Ort verzückt,
während ich die Zeit vergaß -
der Welt total entrückt ...

Und plötzlich ist es Abend dann,
kein Windhauch sich mehr regt,
für heute Sonne's letzter Gang
den Himmel purpur färbt.
Wenn Amsel's klagend Abend'sang
der Nacht sich noch verwehrt,
da hab' ich schon so oft gedacht:
Kein Ort, an dem ich lieber wär!

Katrin Fölck

Argual sehen und nicht sterben

Geneigte Leser, wisst Ihr, woher das geflügelte Wort: ‚Neapel sehen und sterben‘ kommt?

Dieser Ausdruck wird oft benutzt, wenn man etwas Wunderschönes gesehen hat. Das Sprichwort hieß wohl ursprünglich: ‚Vedi Napoli e poi muori‘.

Bei dem Wort ‚muori‘ handelt es sich um ein Wortspiel. Darin geht es um einen kleinen Ort in der Nähe von Neapel und um das Wort ‚sterben‘.

Keinesfalls ist gemeint, dass man sterben muss, wenn man Neapel gesehen hat, wohl eher, dass das Leben erfüllt ist oder eine Erfüllung erhält, wenn man besonders Schönes erlebt oder gelebt hat.

Neapel gilt als magischer Ort. Der Italiener sieht darin laut Überlieferung ein auf die Erde gefallenes Stück Himmel.

Und was der Himmel des Einzelnen ist, erlebt ein jeder für sich. Sein Herz sagt es ihm, zeigt es ihm.

Und so gibt es einen kleinen Ort auf der Insel La Palma. Dort erblickten zwei Reisende das Stück Erde, was ihnen Erfüllung gab.

In einem verwunschenen Garten war ein Stück Paradies. Es gab dort Naturmöbel, eine Katze lief glücklich herum, ein Labrador begrüßte die Gäste freudig und Vögel zwitscherten ihr Lied. Es standen dort Chianti-Flaschen mit Kerzen, und das herunter getropfte Wachs, das wohl schon viele Jahre gesehen hatte, hatte seine dicken, bunten Spuren hinterlassen.

Es war eine Oase des Friedens, die Zeit stand still.

So hatten sich die Reisenden ein Paradies vorgestellt und hatten sich selber ei-

© Klaus W. Nadolny

nen Garten Eden geschaffen.

Es kamen zuweilen Ratschläge.

Statt der verwunschenen Pflanzen sollte man Blumen ganz akkurat setzen, doch das Verwunschene war, wie das Neapel, das Argual des Paares, und soll es bleiben.

Es ist eine sehr schöne Gegend geworden, in der es sich angenehm leben lässt. Eine Katze läuft glücklich dort herum, die Vögel singen und kein Wesen greift das andere an.

Ein kleines Fabelwesen steht auf der Terrasse und scheint sagen zu wollen: „Ich schütze euch alle."

Kurt Marti hat in einer sehr beeindruckenden Geschichte das Neapel eines Mannes beschrieben, der sein Paradies in einer schweren Zeit fand, es aber nicht sofort erkannte. Doch später bemerkte er, es war die schönste Zeit seines Lebens.

Möge jeder sein Paradies rechtzeitig erkennen: Carpe Diem.

Elfie Nadolny

© Klaus W. Nadolny

© Klaus W. Nadolny

Friedenspark

Er lag ganz still im Morgengrauen.
Bot für jedes Streben einen Raum.
Ob Picknick, Sport oder nur Chill'n,
jedem ließ er seinen Will'n.

Umkreist von grauem Stein,
bestimmte Grün doch nur sein Sein.
Von der Stadt will er nichts wissen,
doch ist er grad ihr grün' Gewissen.

Allerlei buntes Gewimmel
kam aus dem hohlen Tor.
Durch die dunkle schmale Gasse
lieh man der Ruhe nur sein Ohr.

Hier sei man Mensch,
hier will man sein.
Im Friedenspark zu Leipzsch.
Komm spazier' doch auch herein!

Felix Garz

Frühling im Garten

Er lässt uns das Paradies erahnen, wie auch schon große Meister, allen voran Carl von Linné, geschrieben haben: ‚In den kleinsten Dingen zeigt die Natur die allergrößten Wunder'.

Die ersten Sonnenstrahlen des Jahres genieße ich ganz besonders!

Um den Garten zu besichtigen habe ich mich in die alten Galoschen gezwängt, denn meine Straßenschuhe wollte ich nicht opfern. Kaufe ich doch von Jahr zu Jahr mit größer werdender Abneigung neue Kleider und Schuhe! Die Aussage meiner Söhne - nur zu geizig zu sein etwas Neues anzuschaffen - weise ich mit Nachdruck zurück. Die jungen Leute können ja nicht nachfühlen, wie meine *alten Füße* neue Schuhe als Zumutung empfinden.

Doch wollte ich ja von meinem Garten erzählen.

Die Sonne hatte es tatsächlich geschafft, die letzten Schneereste in Wasser zu verwandeln. Auch grüßen mich die Winterlinge und einige Schneeglöckchen, als wollten sie mich animieren, mich wieder regelmäßig zu zeigen.

Ein ganz zarter Duft weckte meine Neugier. Wo der wohl herkommt? Sollten es tatsächlich schon meine Lieblinge, die Veilchen sein? Hatten sie sich hinter dem Rasenkantenstein versteckt! Der strahlt, auch wenn die Sonne wieder weg ist, noch gespeicherte Wärme aus. Violas ganz besonderer Duft hatte sie verraten.

Beim Weitergehen habe ich zwischen den Verbundsteinen und der Hauswand noch weitere Untermieter entdeckt. Wie haben die es wohl geschafft, in diesem engen Spalt, wo kein Krümel Erde Platz hat, sich breit zu machen? Es war tatsächlich das Grün der Traubenhyazinthe!

Die blauen Blüten waren noch im Grün versteckt und sie wurden nur durch den Duft der Veilchen in der Nähe verraten.

Die blaue Farbe wird noch einige Zeit auf sich warten lassen!

Manchmal frage ich mich: ‚Warum kann eigentlich nicht immer Frühling sein?'

Ganz rasch sagt meine innere Stimme: ‚Aber hallo? Das glaube ich doch wirklich nicht, dass du auf deine Lieblinge des Sommers verzichten wolltest! Die Rosen brauchen noch mehr an Licht und Wärme um dir zu gefallen!'

Oh ja, eigentlich ist jeder Zeitabschnitt im Garten wie ein kurzer Blick ins Paradies.

Uschi Hörtig-Votteler

Mein Platz am Meer

Bereits als Kind war das Meer für mich ein besonderer Ort. Als ich ins jugendliche Alter kam, nahm es an Wichtigkeit in meinem Leben zu. Wenn ich Kummer hatte oder nachdenken wollte, ging ich zum Wasser.

Damals gab es in dem Stadtteil, in dem ich wohnte, einen Fähranleger für die Hafendampfer. Hier konnte ich am Wasser sitzen, die Möwen beobachten und im Sommer auch mal die Füße ins Wasser halten.

Dieser Fähranleger war für mich ein wichtiger Ruhepol. Hier kam ich zur Ruhe und konnte so manches Problem lösen.

Den Fähranleger für die Hafendampfer gibt es nicht mehr. Er ist einer Umgestaltung des Hafens zum Opfer gefallen.

Das Meer jedoch wird für mich immer ein wichtiger Ort bleiben. Ein kleines Paradies in der Hektik des Alltags.

Antje Steffen

Meeresrauschen klingt

Möwen kreisen am Himmel

komme zur Ruhe

Antje Steffen

Abschied vom Paradies ...

Der feuchte Morgennebel steigt aus den Dünen empor und legt sich wie ein Schleier auf die letzten Blüten der Heckenrosen. Die Kühle der Nacht weicht behutsam der sanften Wärme eines wunderschönen Spätsommertages.

Langsam gehe ich den schmalen Weg zum Meer hinunter und atme tief die klare Seeluft ein. Der Wind spielt zärtlich mit meinen Haaren, während mein Blick über die unendliche Weite des Meeres schweift. Ich lasse mich mit dem Wind treiben und spüre eine tiefe Ruhe in mir.

Es ist früh, der Strand ist noch menschenleer. Vereinzelt treffe ich einen Frühaufsteher, der wie ich, die letzten Tage des Sommers auf der Insel genießt. Das Rauschen der Wellen mischt sich mit dem Geschrei einer Möwe, die einsam am Himmel ihre Runden dreht. Leicht wie eine Feder wird sie vom Wind getragen.

Ich bücke mich und greife nach einer Muschel, die sich im Sand eingegraben hat und nur einen winzigen Teil ihrer Schale preisgibt. Vor mir dümpelt ein morsches Holzboot im Rhythmus der Wellen.

Die Melodie des Meeres hinterlässt in meinem Herzen eine tiefe Sehnsucht nach Freiheit und Unendlichkeit.

Die bunten Strandkörbe wurden bereits vor einigen Tagen von kräftigen Männern auf einen Anhänger geladen. Es wird nicht mehr lange dauern, bis die ersten Herbststürme über die Küste fegen. Dann kehrt Ruhe ein, auf der Insel. Der Sommer geht zu Ende. Die Kinder müssen wieder zur Schule gehen. Zurück bleibt die Erinnerung an wunderschöne Ferien am Meer.

Ich weiß, ich werde sie vermissen, die freundlichen Menschen, die mich jeden Morgen mit einem fröhlichen „Moin, moin" begrüßen. Die Sonnenuntergänge - wenn der glutrote Feuerball in seiner ganzen Pracht langsam am Horizont im Meer versinkt. Ich werde die blökenden Schafe vermissen, die auf den Deichen grasen und ich werde mich wieder einmal fragen, ob es mehr Schafe oder Einwohner auf meiner Insel gibt.

Der frische Seewind hinterlässt einen salzigen Geschmack auf meinen Lippen. Langsam gehe ich weiter. Meine Schuhe graben sich tief in den nassen Sand und hinterlassen Spuren. Fußspuren, die von den Wellen verwischt werden, als hätte es sie nie gegeben.

Die Türen der Andenken-Läden rechts und links der Promenade sind längst verriegelt, die Fensterläden geschlossen. Verschwunden sind Plastikeimer, Schaufeln und Segelschiffe aus ihren Schaufenstern.

Wenn ich meinen Blick nach rechts wende, schaue ich auf die rot-weißen Streifen des alten Leuchtturms. Noch immer weist er den Schiffen mit seinem Leuchtfeuer den Weg. Wie vor hundert Jahren schickt er unermüdlich sein helles Licht über das Meer. Wenn mich die Fähre morgen hinüber aufs Festland bringt, wird sein strahlendes Licht ein letzter Gruß sein. Mein Herz wird schwer.

Ich werde wiederkommen - irgendwann ...

Der frische Seewind treibt den feinen Sand vom Strand her in die Vorgärten und überzieht die gepflasterten Gartenwege mit einem Hauch Puderzucker. Farbenprächtige Astern und Dahlien fangen die letzten Sonnenstrahlen ein, und die Tautropfen auf ihren Blütenblättern glitzern wie kleine Diamanten.

In dem gemütlichen Café am Ende der Straße wird bereits Glühwein und Teepunsch angeboten. Gelangweilt poliert Antonio, der italienische Kellner, das Besteck und winkt mir freundlich zu. Sein südländischer Charme und seine sonore Stimme lassen viele Frauenherzen höher schlagen. Und nicht selten ist das kleine Café während der Saison bis auf den letzten Platz besetzt, wenn Antonio unter friesischer Sonne italienische Arien schmettert.

Ich erinnere mich an meine ersten Ferientage auf der Insel. Mir zu Ehren hatte der Sommer sein schönstes Kleid angelegt. Goldgelb leuchtete der Sanddorn und die endlose Weite des Meeres im abendlichen Silberlicht ließen mich rasch den Alltag vergessen.

Azurblau war der Himmel über Friesland, als ich das erste Mal in die dunklen Augen Antonios blickte. Ein Urlaubsflirt - nicht mehr ...

Ich lenke meine Schritte in Richtung Hafen. Ein Kutter, der von einer großen Schar Möwen begleitet wird, tuckert langsam durch die enge Hafeneinfahrt. Einige Urlauber warten mit ihren Einkaufstaschen am Anleger auf den frischen Fang der vergangenen Nacht.

Müde setze ich mich auf die Bank gleich neben der Hafenmeisterei und beobachte die gefräßigen Möwen, die ständig auf der Suche nach Futter sind.

„Moin, moin", begrüßt mich der alte Kapitän Jansen und setzt sich zu mir.

Der raue Seewind hat in seinem Gesicht tiefe Furchen hinterlassen. Sein halbes Leben hat er auf See verbracht, sämtliche Weltmeere befahren, und nun sitzt er hier auf der Bank, und das Fernweh will ihn einfach nicht loslassen. In seiner Erinnerung steuert er sein Schiff noch immer über alle Ozeane, bis ans Ende der Welt.

Eine Zeitlang hängen wir beide unseren Gedanken nach, während wir dem Krabbenkutter beim Anlegen zusehen.

„Na, mien Deern, Urlaub vorbei?" Jansen zieht an seiner Pfeife und starrt aufs Meer hinaus.

Ich muss lachen, gesprächig sind sie nicht, die Menschen hier auf der Insel.

„Hmm, morgen fahre ich nach Hause", antworte ich leise und spüre einen Stich in meinem Herzen.

„So, so ...", sagt Jansen und greift nach meiner Hand, „... tschüss denn ..." Wieder zieht er an seiner Pfeife und nickt.

Gesprächig sind sie wirklich nicht, die Menschen hier auf der Insel ...

Helga Licher

Heimaterde

Er reiste viel und kam doch gern nach Haus.
Die Fremde blieb, bot ihm Vertrautes nicht.
Die fremde Sprache, die er fließend spricht,
war ihm selbst fremd und schloss ihn also aus.

Die Neugier zog ihn in die Welt hinaus,
die Arbeit auch, sie war ja seine Pflicht.
Er freute sich auf jede neue Sicht,
doch seine Heimkehr sah er stets voraus.

Wenn heut vom Paradies er spricht, dann meint
auf Erden er den Ort, der ihm vertraut,
der seine Seele nährt, den Geist erbaut.

Er meint den Ort, an dem die Liebe scheint,
wo seine Wurzeln in die Tiefe ragen,
ihn Heimaterde, Freunde, Liebsten tragen.

Mirko Swatoch

Der Familienausflug

„Los, Leute, tief durchatmen", rief Papa, wobei er heftig in die Pedale trat.

Laut keuchend folgten ihm die anderen, Birgit und Klein-Ingrid, die sich redlich mühte, halbwegs Schritt zu halten.

Der Einzige, der selbst Papa gegenüber immer einen kleinen Vorsprung hatte, war Lukas, der große, rotbraune Bernhardiner. War das eine Freude, sich wieder richtig austoben zu können!

Sie liebten das Wochenende. Fast jedes Mal starteten sie zu einer Radtour durch den Freizeitwald.

Kurzzeitig den Kreislauf auf Touren zu bringen, dabei die köstliche, frische Luft tief in die Lungen zu saugen, dazu gab es in der Stadt keine Gelegenheit.

Und Lukas: Es war jedes Mal eine Freude, ihm zuzusehen, wie er auflebte, wenn die erregenden Düfte des Waldes seine ewig schnüffelnde Nase passierten!

Jetzt hatte auch Papa angehalten, wartete auf den Rest der Gruppe. Tief und ruhig ging sein Atem. Ein entspanntes Lächeln auf den Lippen, hielt er lauschend die Hand ans Ohr, als ihn die anderen erreichten.

Hell und klar klang die Stimme der Natur in Form von Vogelgezwitscher durch den sonnendurchfluteten Wald.

„Rotkehlchen!" Klein-Ingrid war begeistert.

„Quatsch, du spinnst ja." Birgit warf ihrer kleinen Schwester einen abfälligen Blick zu.

„Meisen", sagte Papa. Er kannte sich aus.

Langsam fuhren sie weiter. Plötzlich huschte ein brauner Schatten über den Weg.

„Guck mal, Papi, ein Eichhörnchen", krähte Klein-Ingrid enthusiastisch.

Mit einem langen Satz sprang Lukas hinterher, um nach ein paar Metern zu stoppen. Die Forstbehörde hatte Vorkehrungen getroffen.

Nach insgesamt zehn Kilometern, der nach Erkenntnissen der Sportmediziner für Durchschnittsbürger günstigsten Strecke, war der Radweg zu Ende. Leicht bedauernd gaben sie die geliehenen Räder wieder ab.

„Und, wie war es?", fragte der Förster freundlich.

„Wieder mal zu kurz." Papa lächelte zurück.

Einer nach dem anderen traten sie in die Luftschleuse. Hinter ihnen verblasste der Sonnenschein, als die Projektoren abgestellt wurden. Es war kein Besucher mehr im Freizeitwald. Die Kuppel wurde transparent und zeigte die gelbgrauen Dunstschleier, die träge über ihr dahinwallten. Sie zogen ihre Gasanzüge an, um sich auf die giftgesättigte Luft in der Stadt vorzubereiten.

Wie üblich sträubte sich Lukas heftig, und es dauerte entsprechend lange, bis er sich die Maske aufsetzen ließ.

Inzwischen programmierte der Förster den Wald um. Zur Abwechslung Rotkehlchen. Als Papa die Luftschleuse zur Stadt öffnete, wurde das elektromechanische Eichhörnchen gerade an die Generatoren angeschlossen, um es für ein erneutes Huschen über den Weg aufzuladen.

Karsten Beuchert

Ein Wermutstropfen Glück

„He, du da, haste mal 'nen Euro?"

Zhaabiz Motahhari zuckte bei der Berührung durch den verwahrlosten Mann zusammen. Dann kramte er in seiner Hosentasche und fischte ein Zwei-Euro-Stück heraus, welches er dem Mann in die Hand drückte.

„Danke, vielen Dank! Wäre doch jeder Tourist so nett!" Der Obdachlose verbeugte sich tief.

Tourist? Wenn der wüsste. Zhaabiz war ein Geflüchteter, ein Künstler im Exil. In seinem Heimatland würde er auf derselben Stufe wie der Verwahrloste stehen.

Zhaabiz lief nachdenklich am Britzer Garten vorbei zu seinem zugewiesenen Tempohome, einem Wohncontainer in Neukölln. 45 Quadratmeter standen vier Personen zu, da war nicht viel Platz für seine Staffelei und Farben - ein Geschenk aus Spenden.

Tagsüber mussten diese Utensilien auf dem Bett liegen. Aber er wollte nicht undankbar sein. Viele andere Iraner hatten kein Dach mehr über dem Kopf oder waren - wie seine Geschwister und Eltern - bereits tot, ausgerottet, einfach weg. Als Künstler hatte er schon lange vor dem Krieg nach Antworten gesucht, die ihm die Politik nicht gab oder geben konnte.

Zhaabiz stand wenig später unschlüssig vor den Wohncontainern und überlegte, ob er zurückgehen sollte, um sich mit dem Obdachlosen zu unterhalten, doch war sein Deutsch nach drei Monaten alles andere als gut.

Ein Mitarbeiter des Flüchtlingslagers kam gerade aus dem Bürogebäude.

„Zhaabiz, gut, dass du kommst, ich habe eine Bitte - meine Eltern haben bald Goldene Hochzeit. Vielleicht könntest du ein Bild für sie malen? Beide sind sehr aktiv im humanitären Bereich, ich dachte an eine Paradies-Interpretation. Was meinst du? Ich gebe dir 299 Euro dafür."

„Das Paradies? Hmmmm." Zhaabiz überlegte.

Das war keine leichte Aufgabe für einen Mann, der die letzten Jahre durch die Hölle gehen musste. Andererseits: Was wäre die Kunst ohne Herausforderungen? So willigte er ein und ging zu seinem Wohnwürfel.

Da die anderen ausgeflogen waren, konnte er seine Staffelei problemlos zwischen eins der Doppelstockbetten und dem schmalen Tisch aufstellen.

Zhaabiz mischte Acrylfarben und begann, intuitiv zu malen: Pflanzen, saftig grün mit schillernden Blüten, ein See mit klarem Wasser und Fischen darin, bunte Teppiche auf einer Blumenwiese. Unter seinem Pinsel formten sich goldene Weinkrüge, gebratenes Geflügel, Obstberge, reich gedeckte Picknickdecken mit lachenden, makellos schönen Menschenkörpern, wie sie eher selten auf der Erde existierten.

Nach und nach entstand eine Version des Paradieses nach den Voraussagen des Propheten Mohammed. Zhaabiz malte wie im Wahn. Anschließend musste er sich ausruhen. Die runde Uhr an der Containerwand sprang auf halb acht, er hatte glatt das Abendessen verpasst! Und wo waren die anderen? Sie hätten längst zurück sein müssen.

Als der Künstler sein Werk erneut betrachtete, empfand er es schal. Nicht ästhetisch fade, nein … es war etwas anderes. Dieses Bild hätte jeder malen können, es hatte nichts Besonderes. Nichts, was ihn, Zhaabiz, ausmachte. Erbost warf er die Leinwand direkt aus dem Fenster.

Eine streunende Katze miaute erschrocken. Doch Zhaabiz hörte es nur halb, denn er hatte schon wieder den Pinsel in der Hand.

Das Paradies könnte ein Land in Frieden sein, ohne Zensur und mit Chancen zur Entwicklung. Freier Wille.

Der Künstler erschrak bei diesem Gedanken. Ungeheuerlich. Zu sehr war das Gegenteil in ihm verankert worden. Für ihn gehörte aber auch mindestens eine Frau dazu. Eine, mit der er tiefe Liebe, Leidenschaft, und die eine oder andere Meinungsverschiedenheit teilen konnte.

Zhaabiz ließ die Hand mit dem Pinsel sinken und überlegte weiter. Neulich hatte er auf einem Trödelmarkt beim Berliner Dom eine Aufnahme von einer begehrenswerten jungen Dame gefunden. Er kramte das Foto unter seinem Kopfkissen hervor. Auf der Rückseite stand in krakeliger Schrift: *Claire, 1950*

Zhaabiz fragte sich oft, wer sie gewesen sein könnte – vielleicht eine Französin? Sie trug einen Pelz um ihre Schultern, hatte dunklen Lippenstift aufgetragen und lächelte verträumt in die Kamera. Ihre blonden Locken faszinierten ihn am meisten. Im Iran gab es nur dunkelhaarige Schönheiten. Er schaute auf das Foto, begann zu träumen. Claire spülte seine tiefe Traurigkeit für einen Moment weg, und mit ihr alle Erinnerungen an ein Land, das es für ihn nicht mehr geben würde.

Wieder nahm Zhaabiz den Pinsel. Auf der Leinwand wuchs nach und nach ein exaktes Abbild von Claire. Er ließ den Pelz weg, stellte sich stattdessen vor, wie ihre helle Haut nackt ausgesehen haben mochte. Er malte feste Brüste, einen flachen Bauch mit dunkler Scham und einen schlanken Arm mit filigranen Gold-Armbändern.

Der zweite Arm bestand aus Gebilden, die wie längliche Röhren aussahen. Statt Fingern besaß sie gebogene Drähte.

Um ihren Hals hing später eine Goldkette mit einem grünen Anhänger, der ihren funkelnden Augen schmeichelte.

Zhaabiz entschied sich, ihre Beine normal zu gestalten. Im Hintergrund bildete sich eine Landschaft, halb Pflanzen, halb Technik und mehr Lebewesen, denen irgendwelche Körperteile ganz fehlten oder durch lange Sprungfedern ersetzt waren, sodass sie über den Horizont blicken konnten.

Diesmal nickte Zhaabiz zufrieden. Ebendiese Interpretation war eigenwillig, aber es war *seine*.

Claire lächelte. Behutsam strich er mit seinem linken, noch sauberen Daumen erst über ihre Wange, dann den Hals entlang, bis er den Weg zu ihren Brüsten fand.

In dem Moment ging die Containertür auf und einer seiner Mitbewohner kam herein.

„Hey, Zhaabiz, wo steckst du denn? Heute ist das Lagerkonzert. Nader macht in diesem Moment die geliehene Flametop-Gitarre von diesem Musiker fit. Das wird paradiesisch!"

Natürlich, das Fest! Der Künstler seufzte, wollte er doch gerade auf eine intime Gedankenreise gehen. Langsam legte er das Bild zum Trocknen auf sein Bett, bewegte sich ins Bad und wusch die Farbe von seinen Händen.

Beim Hinausgehen drehte er sich noch mal um.

„Ich warte hier auf dich", flüsterte Claire.

Zhaabiz lächelte.

„Ich weiß", sagte er und schloss die Tür.

Anna Noah

Wo ich schon war

Wir standen oft am Zaun
und schauten auf die Wiese.
Wie es sich wohl anfühlt,
durch das hohe Gras zu laufen?
Meine Schwester tanzte mit mir im Sommerwind.
Sie wollte, dass wir fröhlich sind.
Da, auf die Wiese wollen wir geh'n
und uns weiter im Kreise dreh'n.
Was kümmerte uns das Verbot der Eltern!
Schon morgen gehört die Wiese den Kälbern.
Wir gingen auf die Wiese,
so schnell, so geschwind.
Die Sonne strahlte und
wir lagen im Gras.
Der Wind streichelte die Wiesenblumen nach seiner Art.
Sie neigten ihre Köpfe, sehr leise auf unsere Zöpfe.
Die Wolken so nah, der Himmel so weit, welch herrliche Zeit !
Wir schliefen ein und träumten so süß.
Willkommen im Paradies!

Barbara Richter

© Barbara Richter

In den Kronen der Bäume

Mutlos sah ich über meinen verwüsteten Schreibtisch hinweg auf die Uhr. Es war gerade halb elf morgens und ich kämpfte bereits mit einem Fluchtreflex.

Das hier war nicht, was ich mir wünschte, doch was sollte ich anderes tun? Wer wollte schon eine junge Frau anstellen, die keinen anständigen Bildungsweg vorweisen konnte?

Müde blickte ich aus dem Fenster des hohen Gebäudes auf die sich im Wind biegenden Pappeln unten an der Straße. Ich vermisste die alten Zeiten, meine Kindheit.

Früher flüchtete ich mich oft in meine eigene kleine Welt. Mein Paradies. Mit meinen Eltern wohnte ich auf einem Einsiedlerhof, mit Pferden, Katzen, Hühnern und einem Hahn, der mich so früh am Morgen mit seiner heiseren Stimme aus dem Schlaf fegte, dass ich mir manchmal eine Steinschleuder wünschte.

Ich hatte nie wirklich Freunde, denn ich wohnte zu abgelegen. Links von mir ein wundervolles Waldstück und rechts bunte Felder.

Man musste das Gelände mit einem Jeep befahren, besonders, wenn es nachts geregnet hatte. Jeder andere Wagen wäre hoffnungslos im Morast stecken geblieben. Doch ich war glücklich, spielte im Matsch, ritt ohne Sattel die Pferde und baute im Wald mit meinem Vater ein Baumhaus. Und es gab für mich noch mehr.

Wie viele Kinder hatte ich einen imaginären Freund. Er hieß Sam, hatte pechschwarzes Haar und seine Augen waren blau, wie ein Ozean. Mit ihm zog ich durch den Wald. Wir bauten Hütten, versteckten uns bei Regen in einer kleinen Höhle unter einem Felsen und kletterten um die Wette auf jeden Baum, der gerade da war. Wir saßen in den Kronen und sahen bis in die Abendstunden hinein in die Ferne.

Manchmal schaukelten wir zusammen unter dem Baumhaus. Mein Vater hatte damals extra für ihn eine zweite Schaukel gebaut. Erst später, als ich erwachsen wurde, verstand ich, was das eigentlich hieß und wie sehr meine Eltern mich liebten.

Ich war ein Wildfang, stets mit blauen Flecken und Schrammen übersät. Folglich hatte ich meinen Eltern viele Sorgen bereitet, doch sie vertrauten mir und wussten, dass unter der kleinen Wilden mit dem zerzausten blonden Haar stets eine vernünftige Person ruhte, die pünktlich abends um sechs wieder zu Hause war, sich die Hände wusch und versuchte, die durch Toberei verursachten Löcher in dem neuen Pulli dezent zu verbergen.

Als ich vierzehn war, änderte sich schlagartig alles. Wegen eines Schüleraustausches war ich in England.

An einem grauen, verregneten Nachmittag bekam ich eine Nachricht, die mich nur noch ohnmächtig zusehen ließ, wie mir mein Leben einfach durch die Finger glitt.

Ein Reisebus war auf dem Weg nach Spanien verunglückt. Der Bus durchbrach die Leitplanke, fiel fünfzig Meter in die Tiefe und ging sofort in Flammen auf. Niemand überlebte dieses Inferno. Auch nicht meine Eltern.

Es riss meine Seele in zwei Teile, ich brach zusammen. Meine Kindheit war schlagartig vorbei. Der Hof wurde vor meinen Augen verkauft, die Tiere wurden mir weggenommen und ich zu einer Tante gebracht, die ich zuvor noch nie getroffen hatte.

Mein Freund mit dem nachtschwarzen Haar verschwand von einem Tag auf den anderen.

Es war an der Zeit, erwachsen zu werden, sagte meine Tante. Sie nahm mich aus der Schule und ich musste mir eine Arbeit suchen, um ihr Monat für Monat ein überhöhtes Kostgeld zahlen zu können. Es war die Hölle, bei ihr im Abstellraum zu wohnen. Sie zeigte nie eine Spur von Liebe oder auch nur Sympathie. Stattdessen ließ sie mich in meiner spärlichen, freien Zeit die Toilette putzen, kochen und den Garten umgraben.

Wo war es nur hin, mein geliebtes, altes Paradies? Nachts stahl ich mir oft etwas Zeit, lag wach und dachte an das Wäldchen, die sich im Wind wiegenden Blätter der riesigen Bäume und all die Tiere. Ich dachte an ihn, meinen unsichtbaren Freund, der mit mir zusammen aufwuchs. Manchmal stellte ich mir vor, wie er wohl jetzt aussehen würde, wenn es ihn wirklich gäbe. Doch meine Erinnerungen verblassten nach und nach. Auch sie würden mir genommen werden.

Eisern sparte ich jeden Cent, den ich erübrigen konnte und versteckte meine Ersparnisse.

Während meine Tante wie Gott in Frankreich lebte, trug ich meine alten Klamotten auf und trank aus dem Wasserhahn.

An meinem achtzehnten Geburtstag packte ich meine Sachen in eine Reisetasche und ging fort. Nicht ein Mal blickte ich mich um. Ich war es satt, das Hausmädchen zu sein. Mit dem Geld, das ich hatte, nahm ich mir ein Zimmer in der Stadt und richtete es mit alten Dingen ein, die ich auf dem Sperrmüll fand.

Die Leute waren sehr nett zu mir, erlaubten mir alle, ihre alten Möbel mitzunehmen.

Mit den verschiedensten Jobs schlug ich mich durch. Unter anderem war ich schon Bedienung in einem Café, Hundesitter und lief im Eichhörnchen-Kostüm über die Straße und verteilte Flugblätter.

Vor zwei Monaten fand ich in einer Zeitschrift die Anzeige eines Callcenters. Da man dort eine gute Entlohnung zu noch besseren Konditionen versprach, bewarb ich mich und bekam auch sofort den Job.

Nun verkaufte ich an fünf Tagen die Woche Zeitungs-Abos und andere Dinge.

Die Arbeit war nicht immer einfach, doch ich sperrte beide Ohren auf und stellte sie auf Durchzug, blieb stets freundlich, auch, wenn ich abends zu Hause einfach mal auf meine Kissen einboxen und brüllend aufstampfen musste. Die Nachbarn kannten das schon.

Meine Kollegen waren allesamt in Ordnung und mit meinem Chef konnte man reden. Allerdings war der Leistungsdruck enormer, als ich anfangs dachte und meine Überstunden konnte ich schon nicht mehr zählen.

Mir die Stirn reibend, atmete ich tief durch und versuchte, die mickrige Flamme der Fantasie irgendwo in meinem Inneren zu finden, doch es gelang mir nicht. Resignierend rieb ich mir die Augen, schaute wieder auf meinen Bildschirm und setzte mein Headset erneut auf. Hallo Realität, da war ich wieder.

„Herrschaften", ertönte die Stimme meines Chefs hinter mir.

Ich zuckte zusammen. Langsam drehte ich mich, den Blick erschöpft auf den Boden gerichtet, mit dem Stuhl um, als er fortfuhr.

„Wie Sie alle sicherlich bemerkt haben, bin ich nicht mehr der jüngste Hengst im Stall." Ein leises Lachen ging durch den Raum und er räusperte sich. „Deshalb werde ich diesen Schuppen an meinen Sohn abgeben. Und hier ist er – Sam."

„Auf gute Zusammenarbeit", klang die Stimme des Sohnes an mein Ohr.

Erschrocken riss ich die Augen auf, blickte hoch in die ozeanblauen Augen eines Mannes, der mir so vertraut schien, dass mein Herz für einen Moment aussetzte. Im maßgeschneiderten Anzug stand er da, das pechschwarze, leicht lockige Haar nach hinten gekämmt, und lächelte mich an.

Es schnürte mir die Kehle zu, meine Beine begannen zu zittern. Mit einem Anflug von Panik schaute ich zur Tür. Ruckartig zog ich mein Headset ab, stand auf und murmelte entschuldigend, dass ich kurz an die frische Luft müsste.

Unter den erstaunten Blicken meiner Kollegen verließ ich den Raum, lief den Gang hinunter und kam gerade bis zum Treppenhaus. Dort sackte ich, an die Wand gelehnt, in mich zusammen und begann, bittere Tränen zu weinen.

Mein Kopf spielte mir Streiche. Er war es nicht! Das war alles ein Zufall; oder ich hatte noch nicht genug gelitten, vielleicht musste ich noch mehr gequält werden. Aber ich konnte nicht noch einmal fallen und wieder aufstehen.

„Katy?", wisperte Sam.

Zögernd öffnete ich die Augen, schaute hoch und sah ihn direkt an, hinein in das atemberaubend schöne Blau. Er kniete vor mir, ich hatte gar nicht bemerkt, dass er mir gefolgt war.

„Katy, wo warst du nur so lange?", flüsterte er und neigte sich nach vorne.

„Du bist nicht real!", rang ich verzweifelt nach Luft. Doch ich spürte seine Berührung.

Vorsichtig strich er mir Strähnen meines Haares aus dem Gesicht und zog mich in den Arm.

„Oder bist du es doch?", schluchzte ich vollkommen verwirrt und krallte mich, Halt suchend, in sein Jackett.

„Ja", antwortete er glücklich. „Und ich werde dich nie wieder aus den Augen lassen, mein kleiner Wildfang."

Schon als kleiner Junge wurde Sam verhöhnt, weil er eine imaginäre Freundin hatte, mit der er gedanklich aus der trostlosen Stadtwohnung seiner Eltern hinaus flüchtete und sich mit ihr in einen kleinen Wald wünschte, in dem er mit ihr tobte.

Als er vierzehn war, kauften seine Eltern einen Einsiedlerhof am Rande eines Waldstückchens, mit Feldern, soweit das Auge reichte und vielen Tieren, doch seine Freundin verschwand plötzlich einfach so aus seinem Leben. Bis heute hatte er sie gesucht, doch nie gefunden.

Und nun? Nun konnte ich überglücklich sagen, dass ich die Bäume in unserem Paradies noch immer schneller erklimmen konnte, als er. Zwei Seelen hatten sich erneut gefunden.

Sabrina Nickel

Die Autoren

Brigitte Adam, geb. 1951 in einer Kleinstadt in Mecklenburg, lebt seit 1974 in Berlin, im Ruhestand. Sie hat viele Hobbies, wie das Fotografieren, Malen, Schreiben - hier meistens Gedichte über Tiere, Natur, Reisen, Enkel, Familie, von denen etliche in Anthologien veröffentlicht sind.

Franziska Bauer, geb.1951 in Güssing, lebt in Großhöflein bei Wien, Gymnasiallehrerin im Ruhestand. Die Autorin schreibt Lyrik, Essays und Kurzgeschichten, veröffentlicht in Zeitschriften und Anthologien. Mitglied der Schreibinitiative beim Literaturhaus Mattersburg. www.galeriestudio38.at/Franziska-Bauer

Hermann Bauer, geb. 1951, lebt in seiner Geburtsstadt München. Er schreibt Kurzgeschichten, Reisereportagen, Lyrik und Theaterstücke.
www.shen-bauer.de

Regina Berger, geb. 1961 in Hagen/Westfalen, lebt, schreibt und arbeitet im grünen Wuppertal. Veröffentlichung von Lyrik und Prosa in zahlreichen Anthologien. Lebensmotto: *das Leben ist ein Wunder.*

Dr. Karsten Beuchert, geb. 1965, humanistisches Gymnasium, Studium der (Teilchen-)Physik, wohnt in München. Deutliche Vorliebe für Phantastik. Literaturgruppen: in den 90ern bei »Schreibhaus« / Bochum, aktuell bei »REAL-TRAUM« / München.

Ilona Black, geb. 1961, arbeitete viele Jahre als Übersetzerin bevor sie 1999 ihr Hobby, die Fliegerei, zum Beruf machte. In ihrer Freizeit widmet sich die zweifache Mutter und Großmutter dem Schreiben von Kurzgeschichten.

Manfred Breitinger, geb. 1948, Dr. paed., Sonderschulrektor i.R. Zahlreiche Veröffentlichungen zu: Leben und Lernen mit schwerer geistiger Behinderung. Schreibt heute mit Vorliebe über das Schöne, das einem begegnet bei all der Last im Alltag. Lebt in Stuttgart.

Andrea Brenner, geb. 1985 in Österreich, lebt in der Nähe von Wien. Die Autorin ist verheiratet, hat ein dreijähriges Kind und arbeitet als Büroangestellte. Ihr derzeit liebstes Hobby ist das Schreiben, ihr größter Traum, einmal ein Buch zu veröffentlichen.

Carin Chilvers lebt in Stuttgart. Sie schreibt Kriminalromane, Thriller, Kurzgeschichten und Hörspiele. 2012 entdeckte sie die Fotokunst für sich und erzählt nun auch Geschichten in Bildern.

Michelle K. Duncan ist das Pseudonym einer niederrheinischen Autorin, die derzeit in der *grünen Hauptstadt Europas 2017* wohnt: Essen. Sie schreibt leidenschaftlich gern Prosa und arbeitet neben ihren Kurzgeschichten an einem Manuskript für ihren ersten Roman. www.michellekduncan.de

Veronika M. Dutz ist eine Gewinnerin des Astioks-Schreibwettbewerbs »anders sein«. Die Autorin bekam den 1. Preis beim Gedichte Award Juni 2017 *Die kleine Feder Auszeichnungen*. Ihre Gedichte, Märchen und Kurzgeschichten sind in verschiedenen Anthologien erschienen.

Magdalena Ecker, geb.1987 in Wels (OÖ). Seit ihrem 15. Lebensjahr, nimmt sie regelmäßig an Schreibwettbewerben teil. Einige ihre Werke wurden bereits in Anthologien veröffentlicht. 2014 brachte die Autorin ihren ersten Fantasyroman „Zwergenschwert" im Ohneohren Verlag als eBook heraus.

Stefan Ehrl , Hobbyautor aus Bayern. Hauptberuflich Lackierer. Nebenbei belegt er einen Fernkurs für kreatives Schreiben. Hobbys: Schreiben, Lesen, Fußball.

Zita Ellwart, geb. 2003, wohnt in Hamm, NRW. Die Schülerin des Landschulheims Schloss Heessen, besucht nach den Sommerferien 2017 die 9. Klasse. Seit ihrem 12. Lebensjahr schreibt sie gerne. Andere Hobbys sind lesen, Sport und ihre Tiere.

Andreas V. Engel, geb. 1969 in Wien. Nach zahlreichen Beiträgen in Anthologien hat er 2017 sein Erstlingswerk „Gemischte Sätze" veröffentlicht. Der selbstständige Unternehmensberater schreibt seit vielen Jahren Lyrik und Prosa, bevorzugt mit einem humoristisch, satirischen Blick auf die Gesellschaft. www.a-v-e.at

Hannelore Ewerlin, geb. 1947 in Bad Rothenfelde, lebt mit ihrem Mann in Lengerich. Als Mutter von vier erw. Kindern und Oma von fünf Enkeln schreibt sie Briefe, Gedichte und Geschichten. Bücher: „Elsas Lebenstraum" eine Lebensgeschichte aus Ostpreußen, „FreNik - Mein Leben im Kinderland" Alltagsgeschichten für Kinder.

Katrin Fölck, geb. 1965. Ihre Vorliebe fürs Schreiben hat die Autorin bereits in jungen Jahren entdeckt. Vorerst waren es Gedichte. Seit 2013 setzt sie ihre Ideen auch in Geschichten um, in denen es um Liebe, Rache, Verwicklungen und menschliche Abgründe geht, immer gepaart mit der nötigen Portion Spannung.

Felix Garz, geb. 1994 in Radebeul bei Dresden. Dort besuchte er auch das lokale Gymnasium. Seit dem Jahr 2013 ist er in Leipzig für das Fach Rechtswissenschaften immatrikuliert.

Doris Giesler, geb. in Oberhausen/Rhld, lebt in Baden Württemberg. Arbeitete als Fremdsprachen-Korrespondentin. Erste Kurzgeschichten. Später moderierte sie im Klinik-Rundfunk, unterrichtete lernschwache Jugendliche und hielt Lesungen für Kinder. Veröffentlichungen in Anthologien sowie Gedichtbänden.

Angelika Groß, geb. in NRW, Sternzeichen Löwe. Durch ihre Kreativität, schreiben, zeichnen, fotografieren, erfüllte sie sich einen Traum. In zahlreichen Anthologien veröffentlicht hat die Autorin auch unter ihrem Pseudonym Alayna A. Groß. http://ingaskleinkunst.simplesite.com/

Ingeborg Henrichs, gebürtige Paderbornerin, zuhause in Ostwestfalen, verfasst kürzere Texte. Veröffentlichungen in Anthologien.

Uschi Hörtig-Votteler, geb. 1942 in Reutlingen, lebt in Frankfurt. Publikation von Lyrik und Kurzgeschichten in Anthologien bei verschiedenen Verlagen. Lesungen: Frauenbegegnungszentrum, Stadtteilbibliotheken Frankfurt.

Hille Hold, geb. 1981. Studium der Literatur- und Medienwissenschaft, Bayreuth und Paderborn. Freie Journalistin und Fotografin, Pädagogin.

Andreas C. S. Jørgensen, hat nach dem Abschluss seines Physikstudiums aus Liebe seine Heimat Skandinavien verlassen und ist nach Deutschland gezogen. Somit hat er die frische Seeluft Jütlands durch ein Bergpanaroma ersetzt.

Helga Kamm, geb. 1943, kommt nach Reisen in die weite Welt immer wieder gern zurück in ihren kleinen Oberpfälzer Heimatort. Sie ist freie Journalistin und Fotografin bei „Oberpfalz Medien". Ihre Kurzgeschichten und Gedichte werden von mehreren Verlagen veröffentlicht.

Helga Licher, geb. 1948 in Osnabrück, verheiratet. Viele Jahre als Verwaltungsangestellte tätig. Pub.: 2012 „Irrlichter und Spökenkieker" Roman, „Die gute alte Zeit" u. „Klatsch und Tratsch beim Kaffeekränzchen" Kurzgeschichten sowie Kolumnen u. Kurzgeschichten in div. Zeitungen und Anthologien.

Dr. Michael Longerich, geb. 1959 in Freiburg/Breisgau. Nach Studium (Geschichte, Politik, Germanistik) u. Dissertation 1989 Heirat und Umzug nach Dänemark. Hier hauptberufl. Gymnasiallehrer, nebenberufl. Leiter eines Sportcolleges. Versch. Publikationen, u.a. „Der Blockwart", in: DUM 81, März 2017

Ursula Lübken-Escherlor, geb. 1948 in Soest, seit 1979 in WHV, Lehrerin, zwei erw. Kinder. Publikationen in über 50 Anthologien und reg. Zeitungen. Lesungen auf Lit.-Veranstaltungen u. in kult. Einrichtungen. Mitglied im Verein der Schriftstellerinnen und Künstlerinnen, Wien. www.luebken-escherlor.de

Andrea Lutz, geb. 1952 in Wiesbaden, war schon als Kind extrem mitteilungsbedürftig. Nach dem Schuleintritt wurden daraus Lese- und Fabuliersucht. Zum Glück hat sie diese angenehmen Süchte bis ins Erwachsenenalter beibehalten. Heute befasst sie sich gerne mit dem Schreiben von Kurzprosa und Lyrik.

Yasmin Mai-Schoger, geb.1970 in Seesen, lebt mit ihrer Familie in Baden-Württemberg. Meistens verdichtet sie Themen des alltäglichen Lebens und versucht über das Schreiben Mut zu machen, zu begeistern, zu motivieren, die Menschen zum Lachen zu bringen oder Trost zu spenden.

Anita Menger, geb. 1959 in Roth/Mfr schreibt seit 2007 Gedichte, bevorzugt zu Fest- und Feiertagen. Publikationen im Internet und in verschiedenen Anthologien. www.meine-festtagsgedichte.de

Dorothea Möller, verheiratet, zwei Kinder. Das geschriebene Wort begleitet sie seit der Schulzeit. 2008 nach der Eltern- und Pflegezeit hat sie über siebzig Kurzgeschichten, auch online, in Deutschland, Österreich und der Schweiz veröffentlicht. www.Dorothea-Moeller.de

Dörte Müller, geb.1967, schreibt seit mehreren Jahren Kurzgeschichten. Ihr Debütroman „Geschichten aus dem Leben eines Au-pairs" wurde 2014 veröffentlicht. Seitdem erschienen mehrere Kinder- und Jugendbücher.

Elfie Nadolny, geb. 1954 in Düsseldorf, lebt mit ihrem Mann Klaus W. Nadolny in Andernach am Rhein. Sie war als Lehrerin, Fachvorsitzende und Dozentin an der Volkshochschule tätig. Heute gibt sie Bücher heraus und beteiligt sich erfolgreich an Anthologien. www.inselchen.com

Klaus W. Nadolny, geb. 1952 in Wipperfürth, lebt heute in Andernach am Rhein. Er hat Geschichte und Theologie studiert und wurde später IT-Sicherheitsbeauftragter. Heute geht er seinen Hobbys nach, bevorzugt der Fotografie. Er hat sich u. a. mit seinen Fotos an mehreren Anthologien beteiligt.

Gabriele Nakhosteen, geb. 1944, Mutter dreier Kinder, studierte Medizin und Oecotrophologie. Heute verarbeitet die im Ruhrgebiet lebende Autorin Lebenserfahrungen in autobiografischen und fiktiven Kurzgeschichten und Erzählungen.

Sabrina Nickel, geb. 1988 in Koblenz, wohnt mit ihrer Familie und zwei Katzen in einem kleinen Eifeldorf. Einige ihrer Kurzgeschichten wurden bereits in verschiedenen Anthologien veröffentlicht. Ihr erster Fantasy-Roman erscheint im Herbst 2017.

Anna Noah, geb. 1979, ist studierte Linguistin und Sinologin. 2005 war sie Gastautorin in Charles Lee Taylors Buch *Reflections: A Poetic Approach II*. Kurztexte von der Autorin sind in verschiedenen Anthologien erschienen.

Martina Onyegbula, geb. und aufgew. in Wien, Mutter dreier Kinder, schreibt Lyrik u. Kurzgeschichten. Veröffentlicht hat die Autorin bisher in diversen Anthologien und Literaturmagazinen. Derzeit schreibt sie an einer Lyrik-Trilogie.

Edda Petri ist Schauspielerin u. Musical-Darstellerin. Nach dem Studium (Germanistik, Psychologie und Schauspiel) in München, lebt sie nun in Saarbrücken und Wien. Edda Petri ist Preisträgerin des Drehbuchpreises anl. der Rheinlandpfälzischen Literaturtage 2003; Librettistin des Musicals „Geheimnis der Mona Lisa" und veröffentlichte zahlreiche Beiträge -Kurzprosa u. Lyrik- in Anthologien.

Angie Pfeiffer, geb. 1955 in Gelsenkirchen. Veröffentlichungen: 19 Romane (Reiseberichte, Tiergeschichten, Liebesromane), 4 Kinderbücher, zahlreiche Kurzgeschichten in Anthologien und Literaturzeitschriften sowie der Tagespresse.

Marion Philipp, geb. 1947 in Hamburg, schreibt seit fast 20 Jahren Lyrik und Kurzgeschichten. Einige davon sind in verschiedenen Anthologien nachzulesen. Ferner hat sie 2010 ihr Buch „Mein Weg aus der Angst" veröffentlich. Viel Freude bereiten ihr Lesungen. Auch das Fotografieren gehört zu ihren Hobbys.

Petra Pohlmann, geb. 1960 in Bad Laer. Fernstudium von 2002 - 2005. Buch: „Schmulli, die Moormumie" - nominiert für den Jugendlit.-Preis der Steirischen Landesreg. in 2008 als Skript. Beiträge in versch. Anthologien und Kundenmagazinen. Herausgeberin im Wendepunkt Verlag. www.pohlmann-petra.de

Claudia Poschgan, geb.1982 in Stuttgart. Nach dem Studium der Biologie u. einem bewegten Jahr als Vulkantourguide in Nicaragua, nahm die Hobbyautorin einen Job in der Pharma-Industrie an. Sie lebt mit Tochter, Mann und den Haustieren in Wassenberg, NRW. Sie genießt den Wald, so oft es ihre Zeit zulässt.

Katharina Redeker, geb. 1988 in Hamburg, aufgew. in Norddeutschl. und NRW. 2004 Teilnahme am Projekt ZeuS Zeitung und Schule der Westdeutschen Allgemeinen Zeitung sowie Publikation des eingereichten Beitrags. Nach dem Abitur Übersetzerstudium. Zuletzt schrieb sie für das Goethe-Institut in Lyon. Ihr erstes Gedicht veröffentlichte sie Ende 2016 in einer Anthologie.

Barbara Richter, geb. 1955 in Sachsen. Sie hat einen Sohn, ist leidenschaftliche Hobbymalerin, fotografiert sehr gern und schreibt auch Kurzgeschichten und Gedichte. Die Autorin erlernte zwei Berufe und war hauptsächlich im Bereich der Erziehung und Bildung tätig.

Wolfgang Rödig, geb. in Straubing, lebt in Mitterfels. Zahlreiche Veröffentlichungen in Anthologien, Literaturzeitschriften und Tageszeitungen.

Robin Royhs, geb1954 im Neubeckum. Der freischaffende Autor und Weltenbummler schreibt für verschiedene Printmedien. Ein Roman ist in Arbeit.

Susann Scherschel-Peters, geb. 1975, ist Mutter und arbeitet hauptberuflich im Beratungsbereich. Nebenberuflich ist sie als Dozentin und Trauerbegleiterin tätig. Ihre Kurzgeschichten, Märchen und Gedichte wurden bisher in 28 verschiedenen Anthologien veröffentlicht. www.susann-scherschel.de

Tobias Schmitt, geb.1982 in Mainz, ist von Beruf Bibliothekar. Mit Freude widmet er sich dem Verfassen lyrischer sowie prosaischer Werke. Seine Beiträge erschienen im Prosaband „Gatti: Katz'n - Krasse Katz'nstories" im chiliverlag sowie in Anthologien des Elbverlags.

Viola Rosa Semper pflückt Ideen aus dem Reich der Fantasie, pflanzt sie ein in die Nährböden eurer Gedächtnisse und pflegt sie bis eine Geschichte heranwächst. Seit 2017 tut sie das hauptberuflich als freischaffende Texterin und Schriftstellerin. Du willst mehr wissen? http://viola.semper.at

Werner Siepler sinniert in gereimten Versen, humorvoll zum Nachdenken anregend, über die Macken und Marotten der Menschen. Durch seine Gedichte möchte der Autor die Problematik verschiedener Themen auf den Punkt bringen und Denkanstöße geben.

Antje Steffen, geb. 1969 in Kiel. Lebt und schreibt im Süden von S-H. Die Autorin hat bereits viele ihrer Kurzgeschichten veröffentlicht und einen Roman geschrieben. www.kunterbuntergeschichtenbasar.jimdo.com

Mirko Swatoch, geb. 1963, lebt mit seiner Frau auf der Schwäbischen Alb in Baden-Württemberg und schreibt Lieder, Gedichte und Kurzgeschichten. Veröffentlichungen in Anthologien und Literaturzeitschriften. www.mirko-swatoch.de

Andrea Timm, geb.1975 in Bonn, lebt im Münsterland Nach dem Architekturstudium hat sie in einem Berliner Büro gearbeitet. Ans Schreiben kam sie in der Zeit, in der ihre vier Kinder sie jeden Tag aufs Neue in die Welt der Phantasie entführten … Im Mai 2016 veröffentlichte sie mit ihrem Nachbarn C. Lück einen charmanten Inselkrimi.

Dr. rer. nat. Silke Vogt, geb.1966 in Hannover, Schulzeit in Paderborn, 1985 - 1992 Studium in Bonn, Mitte / Ende der 90er Jahre zwei längere Japanaufenthalte, wohnhaft seit 1999 im Westerwald, verheiratet, zwei Kinder, Hobbyautorin mit ersten Publikationen (Lyrik, Kurzprosa) in Anthologien und Literaturzeitschriften.

Clemens Weigl, geb. 2001 in Wien, derzeit im Bertha von Suttner Realgymnasium 1210, 11. Schulstufe, aktives Chormittglied im Wiener Jugendchor. Im Mai 2017 Teilnahme am Essaywettbewerb der Universität Innsbruck.

Ellen Westphal, Redakteurin, Autorin und Erzählerin, schreibt und veröffentlicht seit ihrer Schulzeit Gedichte und Geschichten. Sie lebt zurzeit in Kiel. www.seelensprechen.de

Dominik Wulf, geb. 1989 in Siegen, hat seine Leidenschaft zum Schreiben vor einigen Jahren entdeckt und arbeitet nun an seinen ersten Werken, um in der Autorenwelt Fuß zu fassen.

Sarah Ziegler, geb. in Hessen, lebt in einer Kleinstadt in der Nähe von Marburg. Schon immer hat sie gern gelesen und Geschichten weitergesponnen, die in ihrem Kopf herumgeisterten. Seit einigen Jahren schreibt sie jeden Tag, ob an einer FanFiction, einer Kurzgeschichte oder an einem Roman.